JN235328

手づくりだから出来る お好みの色、味、香り

季節の果物でつくる
ジャムとレシピの本

はじめに

ジャムのはじまりは、野や庭の果物を原料に、各家庭で作られた保存食です。ジャムには、季節の恵みを無駄にすることなく、おいしく食べるための工夫が詰まっています。

現代では、外国産のものから国産のものまで、多様なジャムを購入することができます。様々な国の風味を味わえ、とても楽しいものです。

しかし、ジャムを手作りすると、旬の果物に触れる機会が与えられます。旬のものは、格別な香り、色、味わいがあります。それを自分の鼻と目と舌で味わいながら煮ることは、さらにジャムをおいしく感じられるはずです。また、自家製だからこそ、自分の好みの味を作ることもできます。砂糖の量、果物の種類、煮詰め加減…。ちょっとした違いで、全く別のジャムになります。

本書では、基本的なレシピをご紹介していますが、果物は、とても個性的です。一つ一つ、甘みも香りも違います。ジャムを作る前にはぜひ、ひと切れ味見をしてみてください。どんな味のジャムになりそうかを想像して、「作りたい味」を目指して、鍋を火にかけてください。

Contents

春のジャム

あたたかな春は、ジャム作りの入門にふさわしい季節

夏のジャム

香りのよいすもも、そして
みずみずしい果物のオンパレード

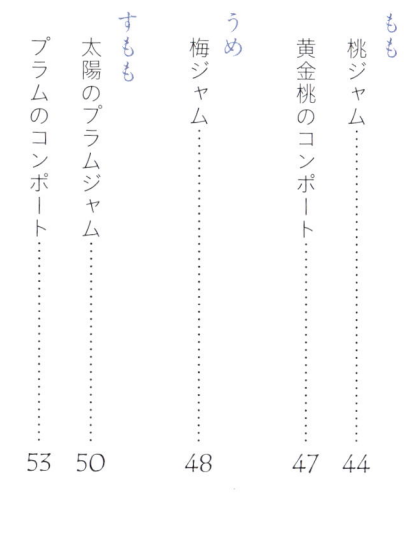

秋のジャム

目移りしてしまう、実りの秋
出盛りをキャッチしましょう

冬のジャム

ゆっくり、ていねいに作りたい マーマレードの季節

オールシーズンのジャム

野菜のジャム

ジャムには、様々なタイプがあります

ジャムの定義

　CODEXという国際食品規格では、糖度65％以上で、しっかりと粘度のある製品だけを「ジャム」と定義づけています。

　しかしながら日本では、果物の形が残っているプレサーブ、果汁だけをかためたゼリー、かんきつ類の入ったマーマレードなど、糖度40％程度の甘さ控えめで、さらさらとしたとろみの砂糖煮のようなものまで、ジャムとして販売されています。

　ですが、手作りジャムでは、そんな定義すら気にする必要はありません。しっかりとしたとろみの「本格ジャム」から、フレッシュな風味を味わう「素材ジャム」など、あなたの好みのジャムが作れます。

　ぜひ、本書をもとに自分だけのオリジナルジャムを作ってみてください。

味の決め手は甘味

ジャムの糖度

ジャムは果物自体の甘さに、どれくらいの砂糖を加えるかで、できあがりの甘さ＝糖度が決定します。糖度は、完成したジャムの糖分の割合（％）を「度」の単位で表します。この、糖度には、砂糖以外に、果物の糖分も含まれます。一般的に、甘さ控えめの「低糖度」から、「中糖度」、「高糖度」と3つに分類されます。「低糖度」は、40度以上55度未満。「中糖度」は、55度以上65度未満、「高糖度」は、65度以上のものです。

本書では果物の風味を生かすため、低～中糖度になるように、砂糖の量を控え、食べ切りやすい量で作りました。また、煮込む時間も抑えて、色や香りを残す作り方になっていますので、あまり日持ちしません。ですので、できるだけ早めに食べ切るようにしてください。

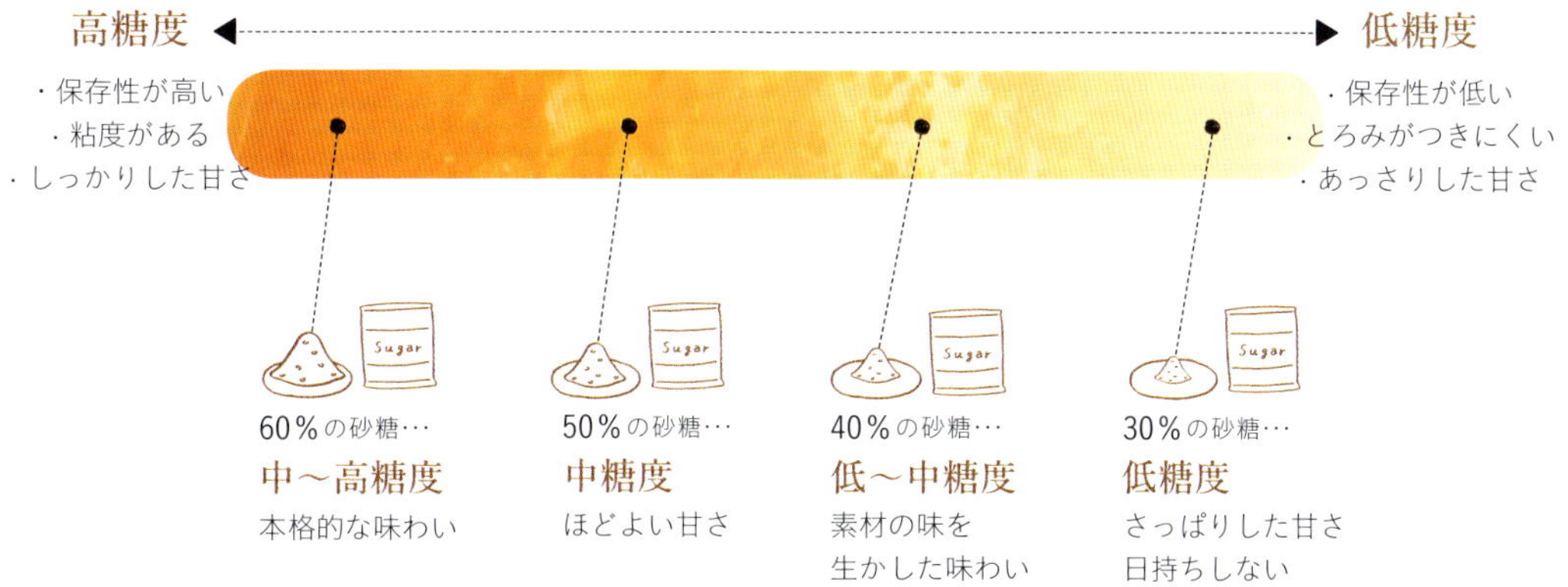

作りたいのは、どんなジャム？

砂糖の分量

基本的に砂糖の分量は、果物の使用重量に対しての割合で分量を決定します。例えば、果物の重量が100gとして、砂糖を40g使用するレシピならば、砂糖使用量は、果物使用量の40％を使うレシピということです。果物自身の甘さと、煮詰めるときの水分の飛ばし方によっても異なりますが、果物使用量の40％の砂糖を使うレシピでは、だいたい糖度が40～60度のジャムになります。これは、低糖度、中糖度と呼ばれる甘さです。

もちろんこれより砂糖の分量を減らしてもジャムを作ることはできますが、砂糖を控えるほど保存性は低くなります。ただし30％ほどの砂糖量なら、ジッパーつきの保存袋などに入れて密封し、冷凍庫で保存すれば、長く保存ができます。

ジャムはバランスが大事

ジャムのしくみ

りんごや梅などの果物に、砂糖とレモンの果汁を加えて煮ると、とろみのあるジャムになります。これは、砂糖が飴のようになったわけではなく、果物の中に含まれる、「ペクチン」という炭水化物が糖と酸と結びついてできるのです。

ジャムをおいしく仕上げるには、このとろみが大切とされます。砂糖を多くして長く煮詰めれば、確かにある程度のとろみは出ますが、甘さが強くなり、果物の色も香りも飛んでしまいます。

ペクチン、酸、糖を合体させてちょうどよいとろみにするには、それぞれに一定の割合が必要です。一般的には、ペクチンが全体の0.5〜1％、酸が0.5％前後、糖は60％前後が適当なバランスとされています。このバランスが崩れると、ほどよいとろみのあるジャムになりません。この3つのバランスを、砂糖、レモンの果汁、市販のペクチンを加減して使用することで、おいしいジャムを作ることができるのです。

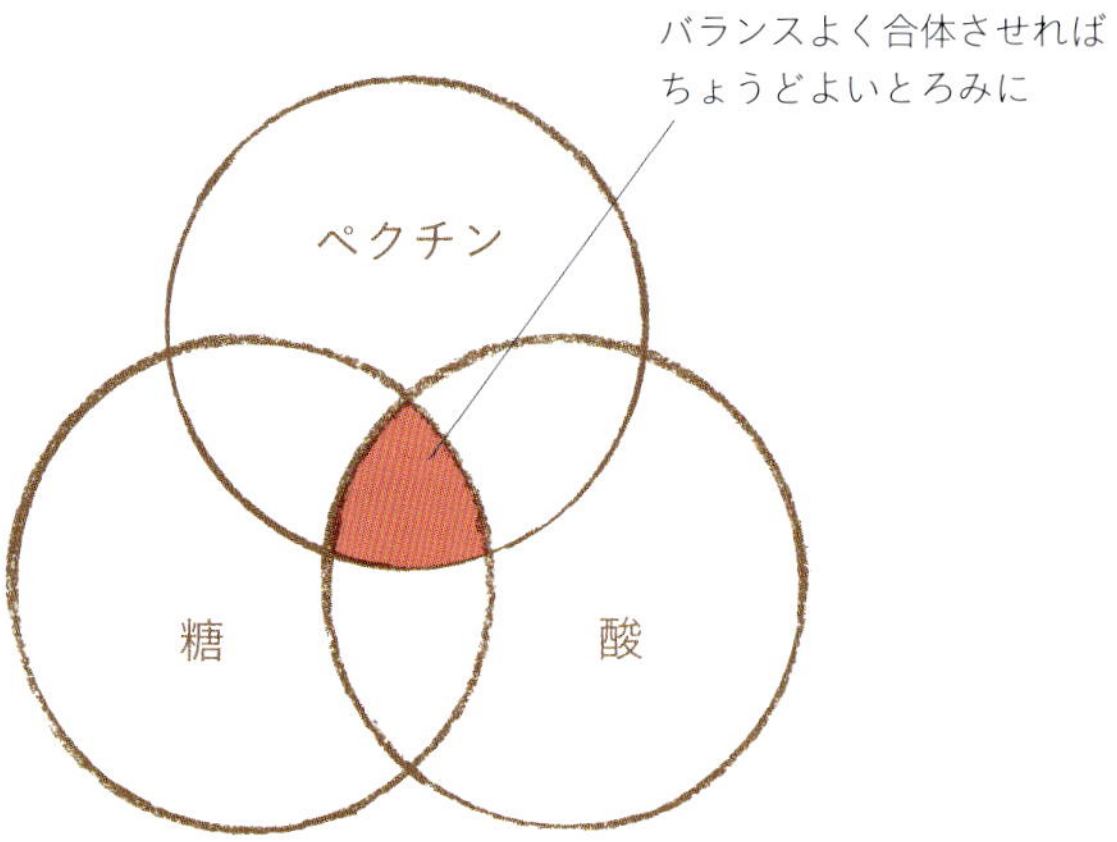

果物

ジャム作りに欠かせない果物は、ペクチン、酸、糖の３つの成分を含む、まさにジャムの主役。しかし、成分の割合は果物ごと、品種ごとによって異なるので、ジャム作りでは砂糖やレモンの果汁、市販のペクチンなどを使いながら作ります。

ペクチン

果物によってはペクチンがほとんどないものもあるので、足りない場合は、粉末状の市販品を使用します。

酸

果物によっては少ないものがあるので、足りない場合はレモンの果汁で補います。

糖

果物に含まれる糖分は10％前後。足りない場合は、砂糖で補います。

材料1……果物

おいしいジャムを作るには、原料である果物の選び方が大切です。生のまま食べておいしいかどうかではなく、ジャムに適しているのかどうかで選びましょう。

ジャム作りに適した果物

色、香りがよいもの

ジャム作りでは、砂糖や酸味は他の材料で代用可能ですが、色と香りは、果物が持つ特徴がそのまま出来上がりにつながります。

ほどよく熟したもの

ジャム作りでは、果物に含まれるペクチンという成分が重要となります。この成分は、果物の熟し加減によって量が変化し、ちょうど食べ頃のものがペクチンを多く含みます。

仕上がりに適したもの

ジャムには様々なスタイルがあります。実をつぶすものであれば、形がいびつでも大丈夫。しかし、形を残すプレザーブなら、果物の大きさがそろっていることが大切です。また、皮ごと使うジャムなら皮に傷のないものを選びましょう。

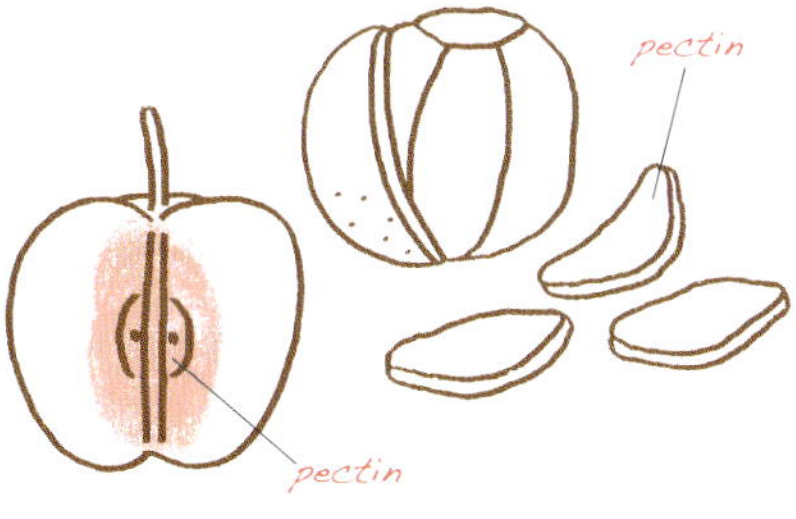

ジャム作りでは皮も種も大切

生で食べるときと違い、ジャムでは皮や種も大切な材料になることがあります。皮には、果物らしい色や香りがたっぷり。また、果物に含まれるペクチンは、皮や種のまわりに含まれていることが多いので、くせで捨ててしまわぬよう、しっかりとレシピをご確認ください。

材料②……ペクチン

ペクチン、酸、糖はどれも果物自体に含まれていますが、その量は果物によって大きく異なります。酸は、酸っぱい果物に多く、糖は甘みのある果物に多いので見分けやすいですが、ペクチンの量は、味覚では分かりません。

ペクチンは、主にかんきつ類やりんごなどに多く含まれていますが、品種によっても大きく変わってきます。また、同じ品種の果物でも、熟し加減によって変化し、適度に熟したものが、一番多くペクチンを含みます。

さらに、ペクチンは、種のまわりや皮などに多く含まれているので、果肉だけでジャムを作りたいならば、皮や種を加えて煮ることでペクチンを取り出すことができます。

しかし、梨や柿などペクチンの含有量が少ない果物では、いくら酸や糖を足してもとろみが出ません。そうした果物をジャムにしたい時は、ペクチンを多く含む果物と組み合わせたり、市販の粉末ペクチンを使ってジャムを作ります。

粉末ペクチンについて

スーパーや百貨店などの製菓材料のコーナーで入手できる市販の粉末状のペクチンは、かんきつ類の皮やりんごの絞りかすを原料として製造されたものです。市販のペクチン粉末にはいくつかのタイプがありますが、大きく2つに分けることができます。

HM ペクチン
(高メトキシルペクチン)

原料からペクチンを抽出して粉末状にしたもの。ゼリー化するには、高糖度と一定の酸が必要。

LM ペクチン
(低メトキシルペクチン)

天然のペクチンを加工し、低糖度でもゼリー化できるので、甘さ控えめのジャム作りに適する。

本書で使用する粉末ペクチンは、ペクチン25%、グラニュー糖74%、乳酸カルシウム1%を配合したLMペクチンを使用しています。

ペクチンが 多い果物

かんきつ類、りんご、バナナ、いちじく、すもも、桃

市販のペクチンを使わなくても、果物自体のペクチンでとろみをつけることができる

ペクチンを 比較的含む果物

いちご、あんず、ぶどう、びわ、ベリー類

ある程度のペクチンを含むので市販のペクチンを加えなくても、ややとろみのあるジャムができる

ペクチンが 少ない果物

梨、柿、メロン、すいか

ペクチンをほとんど含まないが、果物自体に繊維が豊富なら、ややとろみがつく。しっかりととろみを出すには、市販のペクチンを加える

材料③……酸

酸は、果物に含まれている成分で、糖、ペクチン同様、果物によって含まれる量が異なります。主に酸味の強い果物に多く含まれ、ジャム作りでは、できあがりの0.5％の酸が必要とされます。また、甘さと酸味の関係では、酸が1％ほど多いものがおいしく感じます。酸が少ない果物でジャムを作る場合は、レモンの果汁やクエン酸などを加えて補うようにしましょう。

果物の酸度

レモン	5～7％
梅	4～5％
あんず	2％前後
夏みかん	1.5～2％
すもも	1～2％
キウイフルーツ	1～2％
みかん	1％前後
いちご	1％前後
りんご	0.2～0.7％
ぶどう	0.6％前後
梨	0.2％前後

材料④……砂糖

ジャムを作る時に砂糖を加えるのは、程度なとろみを出すために必要だからです。また、果物に含まれる糖分は10％前後と少ないので、ジャムに必要な甘みを補うために砂糖を使います。

ひと口に砂糖といっても、様々な種類のものが出回っています。その味わいを決めるのが、甘さの成分であるショ糖の割合、「純度」です。ジャムに向くのは、純度の高いグラニュー糖ですが、その他の砂糖で、食材と相性のよいものであれば、使うことで味わいに変化をつけることができます。

ジャム作りに適した砂糖

グラニュー糖
ジャム作りに向く、純度の高い、細かい粒状の精製糖。ジャムのほか、お菓子作りでもよく使われる

白ざら糖
グラニュー糖よりひと回り結晶が大きく、透明感がある砂糖。ジャムをより透明感のある仕上がりしたい時に利用するとよい

その他の砂糖

上白糖
料理などでよく使われる、しっとりしたタイプの白砂糖。純度が高いので、グラニュー糖がない時に利用するとよい

黒糖
さとうきびの絞り汁を、あまり精製せずに結晶化したもの。さとうきびの風味がしっかりと残り、濃厚な味わいがある。ジャム作りに使用すると、コクのある仕上がりに

含蜜糖
さとうきびやてん菜など、原料の風味を適度に残した製品。黒糖よりやや風味がやわらかく、精製した砂糖よりコクのある味をもつが、あまりジャム作りには適さない

道具のこと

道具で仕上がりも変わります

鍋

素材

ジャム作りには酸が不可欠なので、酸に強い素材を使いましょう。ステンレス製やほうろうがおすすめです。

☆ほうろう鍋は、破損がないか確認してから使用しましょう。

☆アルミや鉄、銅の鍋は、金属がジャムに溶け出したり、ジャムの色や香りを変化させてしまうことがあるので避けてください。

大きさと厚み

果物の風味を残すには、短時間で煮上げるのがポイント。火がまわりやすい直径 17 ～ 20 cmの鍋を使って、少量ずつ作るようにしましょう。また、砂糖を使用するので、焦げにくい、厚手のものを選びましょう。

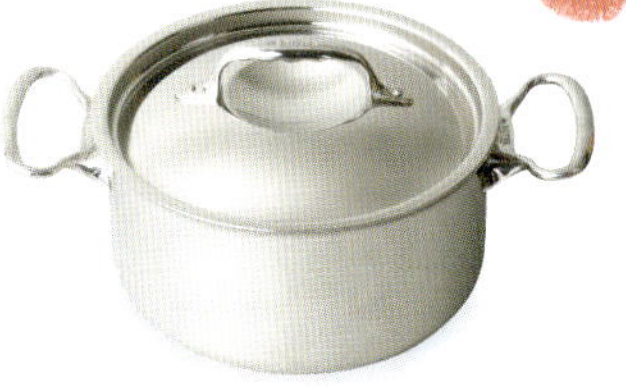

ステンレス製の鍋

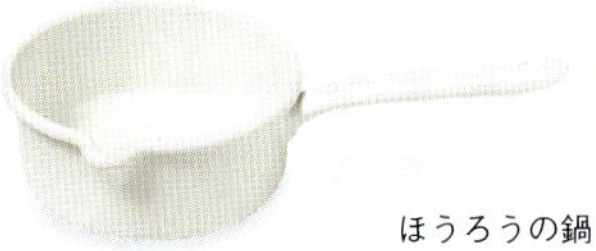

ほうろうの鍋

スケール

ジャム作りでは、計量は重要な作業のひとつです。果物、砂糖はもちろんのこと、少量しか使わないペクチンを簡単に量るなら、アナログスケールよりも電子スケールがあると、とても便利です。

へら

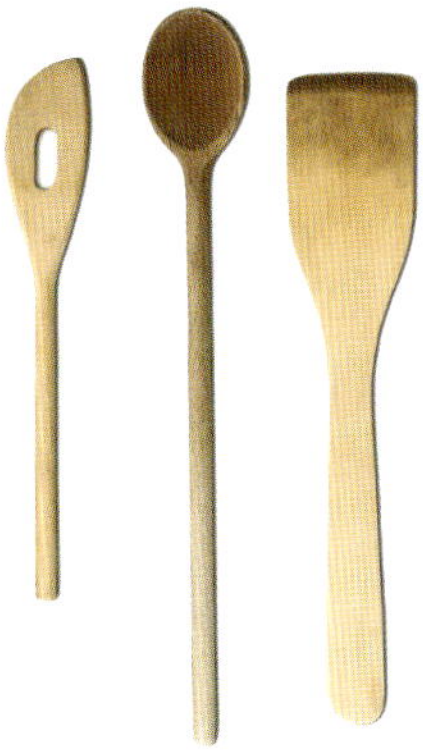

ジャムを煮るときは、砂糖が沈殿しないようにへらで混ぜながら煮るので、鍋を傷つけない、木べらがおすすめです。バターやクリームを使うレシピでは、かき集めやすい、ゴムやシリコンのへらがあると便利です。

☆木べらは、使う前に濡らしておくと色移りが軽減します。

その他の道具

さらし

果物から果汁を絞るときに使用します。絞った後に薄皮や種などを使用する場合があるので、レシピを全部読んでから使うようにしましょう。

レードル

アクすくい用のものと、瓶詰め用のものがあると便利です。アクすくい用は丸いもの、瓶詰め用は先が細いものがおすすめ。スプーン状のものでもよいでしょう。

フードプロセッサー

煮崩れしにくい果物を、ペースト状のジャムにする際に使用します。フードプロセッサーがない場合は、加熱してから裏ごししたり、細かく刻むとよいでしょう。ペクチンの少ない果物（P12参照）に使うと、果物の繊維が出て、ある程度のとろみが出ます。

春のジャム

あたたかな春は、ジャム作りの入門にふさわしい季節

やはり一番に作りたいのは、真っ赤ないちごのジャムではないでしょうか。芽吹きの季節である春は、果物の種類が少ない季節ですが、露地のいちごが出回る、唯一の時期でもあります。小粒で、甘酸っぱい香りのものを見つけたら、ぜひ、ジャム作りに挑戦してください。

　また、この時期は、オレンジやグレープフルーツなどの身近なかんきつ類も旬を迎えています。いつもより多めに購入して、火にかけてみませんか？

春のおいしいカレンダー

Spring calendar

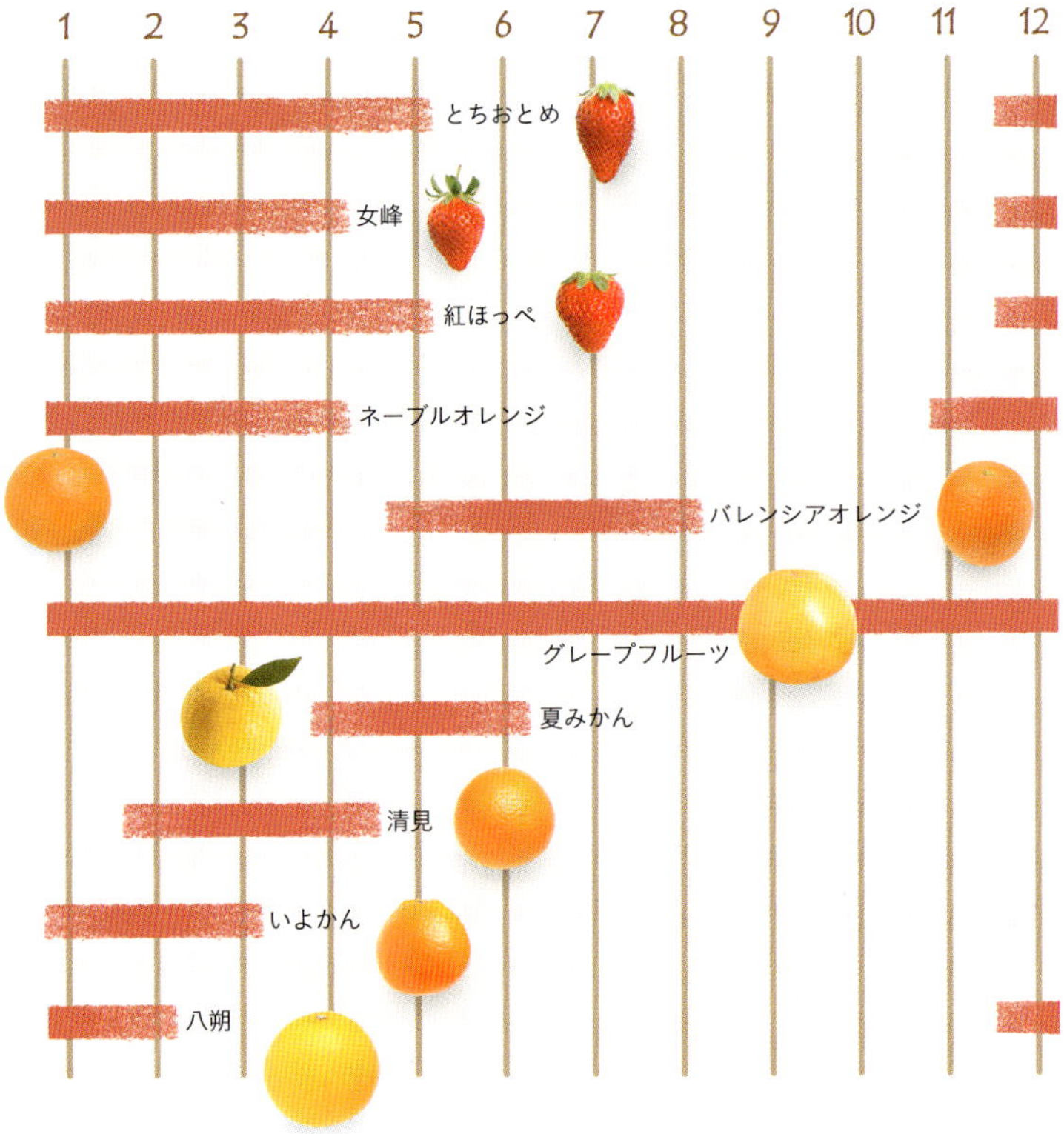

いちご

Strawberry

苺

学名……*Fragaria ananassa*
分類……バラ科イチゴ属
原産地……南北アメリカなど
主な生産地……栃木県、福岡県

おいしい時期

まぶしい赤に、さわやかな酸味
春を代表する、ジャムの定番フルーツ

真っ赤な色が鮮やかないちごは、ジャムの永遠の定番です。いちごは12月～翌5月までが旬ですが、ジャムに適しているのは、5～6月頃に出回る、酸味の強い小粒の露地いちご。シーズン以外は冷凍ものを利用するといいでしょう。

美しいルビー色の定番ジャム

プレザーブスタイルの いちごジャム

材料（作りやすい分量）

いちご（ヘタを除いたもの）…400g
グラニュー糖…160g
（いちごの果肉重量の40％量）
レモンの果汁…大さじ1

point
いちごは小粒の色の濃いものを使いましょう
また、冷凍いちごを使ってもおいしく仕上がります

作り方

1 いちごは洗って水気をよく拭き取り、ヘタを切り落とす。

point
ヘタはつけたまま、水洗いしましょう。ビタミンCが流出し、水っぽくなってしまいます

2 ボウルに①を入れ、グラニュー糖を全体にまぶし、3時間以上置き、水分を出す。時々、実を潰さないように全体をやさしく混ぜる。

3 ②をザルに上げ、実と汁に分ける。

4 小鍋に③の汁を入れて中火にかけ、粘りが出るまで煮詰める。

5 ④に③の実とレモンの果汁を加え、アクを除きながら煮る。

6 実がシロップを含んでふくらみ、全体がとろりとしたら火を止める。

胡椒をピリっときかせた大人の味

いちご黒胡椒ジャム

材料（作りやすい分量）

いちご（ヘタを除いたもの）…400g
グラニュー糖…160g（いちごの果肉の重量の 40％量）
レモンの果汁…大さじ 1
粗びき黒胡椒…小さじ 1/4

作り方

1 いちごは洗って水気をよく拭き取り、ヘタを切り落とす。

2 ボウルに①を入れ、グラニュー糖を全体にまぶし、3 時間以上置き、水分を出す。時々、実を潰さないように全体をやさしく混ぜる。

3 ②をザルに上げ、実と汁に分ける。

4 小鍋に③の汁を入れ、中火にかけて煮詰め、粘りが出てきたら③の実とレモンの果汁を加え、アクを除きながら煮る。

5 実がシロップを含んでふくらみ、全体がとろりとしたら、粗びき黒胡椒を加えて混ぜ、火を止める。

ミントですっきりした後口に

いちごミントジャム

材料（作りやすい分量）

いちご（ヘタを除いたもの）…400g
グラニュー糖…160g
（いちごの果肉の重量の 40％量）
レモンの果汁…大さじ 1
ミントの葉…小さじ 1

作り方

右記「いちご黒胡椒ジャム」の作り方④まで同じく作り、作り方⑤で全体がとろりとしたら、ミントの葉を加えて混ぜ、火を止める。

ジャムに適したいちごは？

日本のいちごは、生で食べておいしいように品種改良されています。ジャム作りに向くのは、酸味が強く、色が適度に濃く、果肉がほどよいかたさのもの。ですが、三拍子そろう品種は、日本にはほとんどありません。この条件を満たすのが、加工用のいちご（ベニヒバリ、アメリカ）です。このいちご自体は日本では手に入りませんが、アメリカ産のジャムを購入すれば、味わうことができます。

2つの果物を合わせて
新しいおいしさを発見

いちごバナナジャム

材料（作りやすい分量）

いちご（ヘタを除いたもの）…250g
バナナ（皮を除いたもの）…150g
グラニュー糖…160g
（いちごの果肉の重量の40％量）
レモンの果汁…大さじ1

いちごの歴史

現在、市販されているいちごは南アフリカ原産で、日本へは江戸時代末期にオランダ人によって、長崎にもたらされました。当時は観賞用として伝わりましたが、明治時代以降に食用として栽培が始まりました。現在はきいちごやくさいちごなどの野生種を含めると、日本だけでも50種類ほど存在しています。

作り方

1 いちごは洗って水気をよく拭き取り、ヘタを切り落とす。

2 ボウルに①を入れ、グラニュー糖を全体にまぶし、3時間以上置き、水分を出す。時々、実を潰さないように全体をやさしく混ぜる。

3 ②をザルに上げ、実と汁に分ける。バナナは5㎜厚さに切り、レモンの果汁をまぶす。

4 小鍋に③のいちごの汁を入れ、中火にかけて煮詰め、粘りが出てきたらいちごの実とバナナを汁ごと加え、アクを除きながら煮る。

point
バナナが煮崩れすぎないように注意しましょう

5 実がシロップを含んでふくらみ、バナナがやわらかくなって、全体がとろりとしたら火を止める。

いちごの香りと色が濃縮。
ミルクや炭酸で割って使って

いちごシロップ

材料（作りやすい分量）

いちご（ヘタを除いたもの）…400g
グラニュー糖…300g（いちごの果肉の重量の 40%量）
レモンの果汁…大さじ 1
水…1/4 カップ

牛乳や炭酸水で約 8 倍に割って飲んだり、そのままかき氷やパンケーキにかけてもおいしいです

作り方

point
いちごは色の濃い小粒のものがおすすめ

1 いちごは洗って水気をよく拭き取り、ヘタを切り落とす。

2 ボウルに①を入れ、グラニュー糖、レモンの果汁、分量の水を加え、3 時間以上置き、水分を出す。時々、実を潰さないように全体をやさしく混ぜる。

3 小鍋に②を入れて火にかけ、沸騰したら弱めの中火にし、アクを除きながら約 20 分煮る。

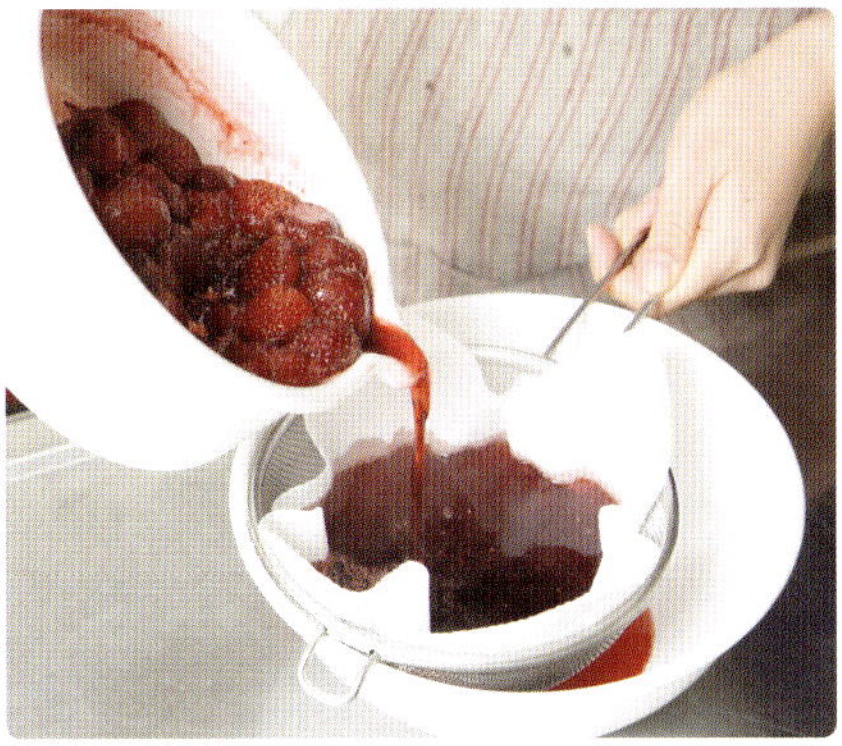

4 ペーパータオルを敷いたザルに③を入れてこし、ペーパータオルを軽く絞って、再び煮汁を鍋に戻し、火にかけ、ひと煮立ちしたら火を止める。

残ったいちごの実は、ヨーグルトに入れるとおいしくいただけます

瓶に入れ、冷蔵庫で 2 週間ほど保存可能

とちおとめ
しっかりした果肉と赤い色が特徴。やや酸味が穏やかなので、ジャムにするなら、レモンの果汁を少し多めに入れて。
■旬…12月～翌5月

女峰
甘みと酸味のバランスがよく、香り豊か。色づきもしっかりしており、ジャムにするときれいな仕上がりに。
■旬…12月～翌4月

紅ほっぺ
香りがよく、果肉が中まで鮮やかな紅色で、仕上がりの美しいジャムができる。酸味は穏やか。
■旬…12月～翌5月上旬

果物に砂糖を加えるとシロップができる理由

砂糖には、水と結びつきやすい性質があります。いちごなどの果物に砂糖を加えておくと、果物から水分が出てきて、シロップが出来上がるのは、この性質のおかげ。水分の多いジャムやシロップが腐らないのは、砂糖と水分がしっかり結びつき、水分を抱えこんでいるからです。ただし、空気中の水分とも結びつくので、湿気には注意しましょう。

保存のポイントは、瓶詰め

瓶の煮沸と脱気について

ジャムの保存のポイントは、瓶詰めにあります。瓶詰めがきちんとできるかによって、保存期間は大きく異なります。きちんと瓶詰めできれば、半年ほど保存することも可能です。

瓶詰めの工程は大きく3つ、①容器の消毒②充填③脱気です。③の脱気方法には様々ありますが、ここでは、手軽に行える方法と本格的に行う方法の2種類をご紹介します。

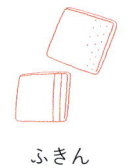

用意するもの

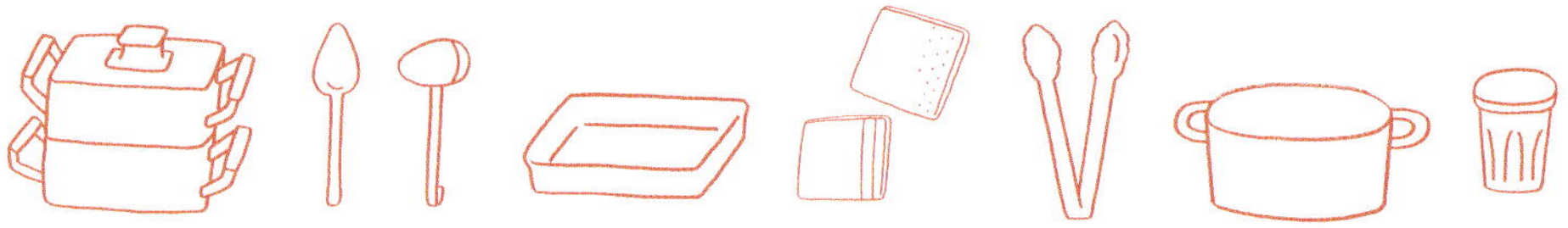

消毒

1 瓶の本体とふたをよく洗います。とくに、一度使用したものは、ブラシなどを使っててていねいに洗いましょう。

2 たっぷりの鍋に水と瓶を入れて火にかけ、沸騰したら約5分煮立てます。

3 熱いのでトングなどで瓶を取り出し、乾いた布巾や網の上にふせて乾かします。水滴は残さないように注意してください。

充填

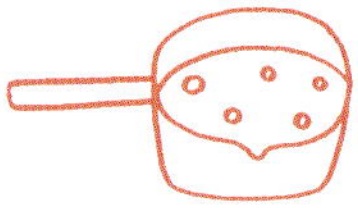

1 ジャムは熱いうちに、熱い瓶に詰めます。殺菌・脱気を短時間ですませた方が、ジャムの色や香りを損ないません。やけどしないよう、清潔なふきんで瓶を持ち、瓶の口から、5㎜〜1㎝弱下までジャムを注ぎます。

2 空気が入っていないか確認し、すき間があるようなら、静かに机にたたいて空気を抜きましょう。

かんたん脱気

手軽に行える方法。
冷蔵庫で2週間～1ヶ月ほど
保存が可能です。

1 ジャムを充填したら、すばやくふたを閉めます。

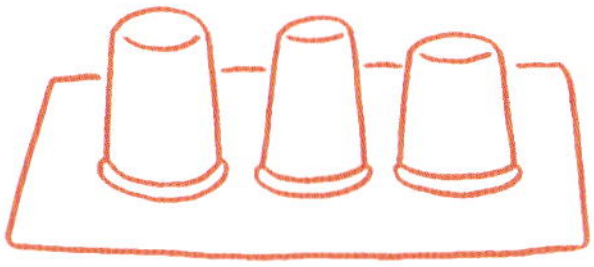

2 瓶を逆さまにして冷まします。こうすることで、ふたの内側も殺菌できます。30分程度置きます。

3 水を張ったバッドにふたを上にして瓶を並べ、粗熱をとります。粗熱がとれたら、瓶についた水気を拭き取り、瓶のなかの空気の容積が減り、ふたの中央がわずかにくぼんで完全に瓶が冷めたら、脱気完成です。

きちんと脱気

基本の保存方法。
うまく脱気できれば、
常温で数ヶ月保存できます。

1 ジャムを充填したら、軽くふたを閉めます。

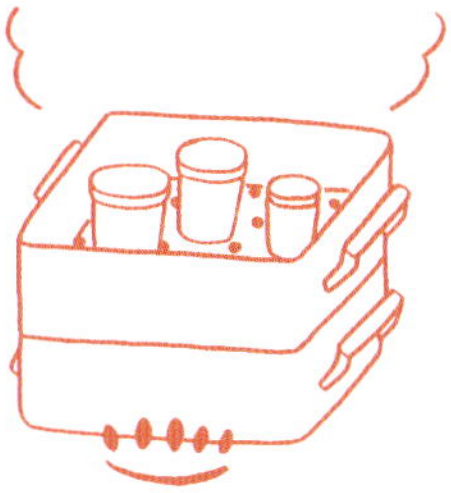

2 蒸気の上がった蒸し器に①を並べ、ジャムの中心が熱くなるまで加熱します。加熱時間は、瓶の容量によって異なりますが、150 mℓの瓶で10～15分程度です。

3 蒸し器から瓶を取り出したら、しっかりとふたを閉め、逆さまにし、30分程度置きます。

4 水に張ったバットにふたを上にして瓶を並べ、粗熱をとります。粗熱がとれたら、瓶についた水気を拭き取ります。

オレンジ

Orange

甘橙

おいしい時期（バレンシア）

1 - 2 - 3 - 4 - 5 - 6 - 7 - 8 - 9 - 10 - 11 - 12 -

学名……*Citrus sinensis*
分類……ミカン科カンキツ属
原産地……インド
主な生産地……和歌山県、神奈川県

個性豊かなかんきつ類 春においしくなる種類を選んで

果皮のほろ苦さと、さわやかな酸味を味わうかんきつ類のジャム。輸入のオレンジやグレープフルーツの旬は春から初夏です。国産のものは、2月～3月に出回ります。

皮のほろ苦さをほどよく残して

ネーブルオレンジのマーマレード

材料（作りやすい分量）

オレンジ…500g
グラニュー糖…適量（作り方④参照）
A レモンの果汁…大さじ2
A 白ワイン…大さじ1

point
農薬や防腐剤を使用していない、安全なものを使いましょう

作り方

簡単な皮のむき方
両端を果肉が見えるくらいのところで切り、皮と果肉のあいだにナイフを入れ、きれいに薄皮ごと切り落とす。

1 オレンジは塩少し（分量外）をこすりつけて、ぬるま湯でよく洗い、皮を白い部分ごと厚くむき、薄切りにする。

2 鍋に①の皮とたっぷりの水（分量外）を入れて、火にかける。沸騰したら中火にし、約5分間ゆで、ザルに上げて水気をきり、流水で洗う。皮を手のひらに挟んで水気をよく絞る。

3 果肉は皮と皮の間に切り込みを入れ、1房ずつ取り出す。果肉を取り出した袋は、手でギュッと絞り、果汁を出す。

4 ②の皮、③の果肉と果汁の重さを量り、総量の50％量のグラニュー糖を用意する。

5 小鍋に④の皮と果肉、果汁を入れ、グラニュー糖を加えて火にかける。沸騰したら中火にし、アクを除きながら約20～25分煮る。

6 Aを加えてさらに5分煮て、とろみがついたら火を止める。

ネーブルオレンジ

香りと甘みが強く、種もないので加工しやすいオレンジ。国産オレンジのなかでは、もっとも多い品種。

■旬…2月～3月
輸入もの 11月～翌4月

甘くてビターなコンビネーション

ショコラオレンジジャム

材料（作りやすい分量）

ネーブルオレンジのマーマレード（p28 参照）…200g
スイートチョコレート（製菓用）…200g
生クリーム…100g
コアントロー…大さじ 1

作り方

1 チョコレートを細かく刻み、ボウルに入れる。

2 鍋に生クリームを入れて中火にかけ、沸騰直前まで温め、①に注ぎ入れ、泡立て器でゆっくり混ぜ、つやが出てなめらかな状態になったら、コアントローを加え、さらにゆっくり混ぜ合わせる。

3 瓶にマーマレードと②を層になるように交互に入れる。

冷蔵庫で 10 日間ほど保存可能

point
室温が低い場合は、チョコレートを入れたボウルを湯せんにかけて、少し温めてから生クリームと混ぜましょう。しっかりと混ぜることで、なめらかな口当たりになります

作り方

1 オレンジは塩少し（分量外）をこすりつけ、ぬるま湯でよく洗い、5㎜厚さの輪切りにする。

2 小鍋に①を並べ入れ、かぶるくらいの水（分量外）を加えて中火にかける。煮立ったら火を止めてザルに上げ、水気をきる。

3 ②の鍋にグラニュー糖と分量の水を入れて火にかけ、泡が大きくなったら、オレンジを再び並べ入れ、弱火で煮る。実に煮汁がなじんだら火を止める。

point
煮詰めすぎると冷めた時にかたくなるので、注意しましょう。パンケーキやマフィンなどを焼くときに生地にのせて焼くと、かわいらしい仕上がりになります

オレンジの形を活かしたジャム。
紅茶に浮かべてもきれい

スライスオレンジマーマレード

材料（作りやすい分量）

オレンジ…300g（1個）
グラニュー糖…180g
水…1/2 カップ

バレンシアオレンジ

カリフォルニアやフロリダで主に生産されるオレンジ。日本でも一部の地域で栽培されている。

■旬…7月
輸入もの 5月～8月

かんきつ類

グレープフルーツ

Grapefruit

おいしい時期

1 2 3 4 5 6 7 8 9 10 11 12

学名……*Citrus paradisi*
分類……ミカン科カンキツ属
原産地……西インド諸島、バルバドス
主な生産地……アメリカ合衆国、南アフリカ

ルビー

別名、ピンクグレープフルーツ。マーシュよりも穏やかな酸味で、やさしい味わい。

■旬…輸入もの 産地を変えながら、ほぼ1年中出回る。（カリフォルニア産 5月初旬～10月下旬）（フロリダ産 10月中旬～翌5月下旬）（南アフリカ産 7月中旬～10月中旬）

マーシュ

黄色の皮、薄黄色の果肉の、最もよく目にする品種。ほろ苦さと、さわやかな甘酸っぱさが特徴。

■旬…輸入もの 産地を変えながら、ほぼ1年中出回る。（カリフォルニア産 5月初旬～10月下旬）（フロリダ産 10月中旬～翌5月下旬）（南アフリカ産 6月中旬～10月中旬）

カスタードクリームとジャムの中間。
本家レモンカードより、ほろ苦い大人の味

グレープフルーツカード

材料（作りやすい分量）

ルビーグレープフルーツの果汁…1/2 カップ
バター（食塩不使用）…50g
レモンの果汁…大さじ 1
卵…2 個
グラニュー糖…100g

カードって何？

カードとはカスタードクリーム状のペーストで、ねっとりした口当たりが特徴。「フルーツバター」、「フルーツチーズ」とも呼ばれます。バターと合わせるときは、沸騰すると分離してしまうので、弱火でじっくりと加熱しましょう

作り方

1 グレープフルーツは果汁を絞り、種を除く（果肉も入っていてもよい）。バターは薄切りにする。

2 ボウルに卵を割り入れて溶きほぐし、グラニュー糖を加えてよく混ぜる。グレープフルーツの果汁とレモンの果汁を加えてさらに混ぜる。

3 小鍋に②を入れて弱火にかけ、バターを加え、鍋底をゴムべらで絶えずかき混ぜる。

4 透き通るようなクリーム状になったら火を止める。

瓶に入れ、冷蔵庫で 1 週間ほど保存可能

ハートマーク付きのグレープフルーツ

アメリカではグレープフルーツの果実やジュースなどの製品にハートマークがつけられて販売されています。このマークは、心臓を守る効果があると心臓病関連の任意団体が認定した食材につけられるもので、このマークのおかげで、アメリカではグレープフルーツは、心臓病予防の食品として広く知られています。

スパイスの香り豊か。
ひんやり冷やして、どうぞ

シトラスのスパイシーコンポート

材料（作りやすい分量）

グレープフルーツ…1個
オレンジ…2個
グラニュー糖…100g
水…1カップ
レモンの果汁…大さじ1
A
シナモンスティック…1本
スターアニス…1個
クローブ…2個

作り方

1 グレープフルーツとオレンジはそれぞれ白い部分ごと厚めに皮をむき、果肉の皮と皮の間に切り込みを入れ、1房ずつ取り出す。

2 果肉を取り出した袋は、手でギュッと絞り、果汁を絞る。

3 小鍋にグラニュー糖と分量の水、②の果汁、Aを入れて火にかけ、沸騰したら弱火にし、アクを除き、約1分間煮て、Aを取り出す（スパイスは軽く洗って飾りに使う）。

4 ③に①の果肉を入れ、ひと煮立ちしたら火を止め、容器に移して粗熱をとる。

スターアニス
中華料理にも多用される、甘い香りのスパイス。星形の形と、アニスというスパイスに似た香りから、この名がついた。洋梨や柿のコンポートと相性がよい。

シナモン
特有の甘みをおびた香り。プリンやドーナツ、八つ橋などのお菓子のほか、カレー粉やソース、ケチャップなどの調味料にも使われる。

クローブ
強く甘い香りと、しびれるような刺激が特徴のスパイス。ジャムやコンポートの甘みを、引き立ててくれる。

夏みかん

かんきつ類

Japanese summer orange

夏橙

おいしい時期

1 2 3 4 5 6 7 8 9 10 11 12

学名……*Citrus natsudaidai Hayata*
分類……ミカン科ミカン属
原産地……山口県
主な生産地……熊本県、愛媛県

苦味も風味も上品な、絶品マーマレード

夏みかんのマーマレード

材料（作りやすい分量）

夏みかん（皮を除いたもの）…500g
グラニュー糖…適量（作り方④参照）
レモンの果汁…大さじ1

作り方

1 夏みかんは塩少し（分量外）をこすりつけ、ぬるま湯でよく洗い、8等分に切る。皮を厚めにむき、薄切りにする。薄皮もむき、果肉を取り出し、粗く刻む。薄皮はとっておく。

2 鍋に①の外皮とたっぷりの水（分量外）を入れて、火にかける。沸騰したら中火にし、約5分間ゆで、ザルに上げて水気をきり、流水で洗う。皮を手のひらに挟んで水気をよく絞る。種はティーパックに入れる。

3 ①の薄皮はみじん切りにして耐熱ボウルに入れ、ラップをかけて電子レンジで約3分加熱する。

4 ①の果肉、②の皮、③の薄皮の重さを量り、総量の50％量のグラニュー糖を用意する。

5 小鍋に④の皮と果肉、薄皮を入れ、グラニュー糖を加えて火にかける。沸騰したら中火にし、②のティーパックを加え、アクを除きながら約15～20分煮る。レモンの果汁を加えてさらに5分煮て、とろみがついたら火を止める。

雑柑

夏みかん

冬に実をつけて色づき、春から初夏に食べ頃になる。さっぱりとした酸味と、さわやかな香りは、お菓子の材料にされることが多い。

■旬…4月～6月

タンゴール類

清見

オレンジとみかんをかけ合わせた日本生まれのかんきつ。皮が薄く、苦みの少ないジャムに仕上がる。

■旬…2月～4月

柔らかな皮の食感を楽しめます

夏みかんピール

材料（作りやすい分量）

夏みかん…2個
グラニュー糖…200g
グラニュー糖（仕上げ用）…適量

作り方

1 夏みかんは塩少し（分量外）をこすりつけ、ぬるま湯でよく洗い、16等分にくし形切りし、皮をむく。

2 鍋に①の皮を入れ、かぶるくらいの水（分量外）を加えて火にかけ、沸騰したら湯を捨てる。この作業をもう1回繰り返す。

3 鍋に水気をきった②の皮とひたひたの水（分量外）を入れて火にかけ、グラニュー糖50gを加え、沸騰したら火を止め、そのまま冷ます。この作業を3回繰り返す。

4 オーブンシートを敷いた天板に汁気をきった③を並べ、120℃に予熱したオーブンで約30分間焼いて乾燥させ、粗熱を取り、仕上げ用のグラニュー糖をまぶす。

雑柑
いよかん
皮は厚いがジューシーで、甘みと酸味のバランスが絶妙。香りがおだやかで、どこかなつかしい味わい。
■旬…1月〜3月

雑柑
八朔
酸味が強く、ほのかな苦みと独特風味があるかんきつ。果肉はややかためで、皮離れがよい。
■旬…12月〜翌2月下旬

外はサクッ、中はしっとり。
焼きたてにジャムを添えて

スコーン

材料（直径５㎝のセルクル型 12 個分）

A
- 薄力粉…240g
- ベーキングパウダー…12g
- 脱脂粉乳…10g

バター（食塩不使用）…90g
卵黄…１個分
グラニュー糖…30g
牛乳…1/2 カップ
溶き卵…適量

check
ここで使用したのは
紅玉ジャム…p110

作り方

1 バターは 1.5 ㎝角に切り、冷蔵庫で冷やす。

2 ボウルに混ぜ合わせたＡをふるいにかけて入れる。

3 ②に①を加えて、バターを手で潰しながら混ぜ、手ですり混ぜるようにして、サラサラの状態にする。

4 別のボウルに卵黄を入れ、泡立て器でよく混ぜ、グラニュー糖を加えてさらによくすり混ぜ、牛乳を加えて混ぜ合わせる。

5 ③に④を加え、粉気がなくなるまで、ゴムべらで切るように混ぜる。

6 ラップの上に⑤をのせ、四角く整えて包み、冷蔵庫に入れて１時間以上置く。

7 台に打ち粉をして、生地を約 2.5 ㎝厚さに麺棒で整え、生地をセルクル（又は、コップなど）で抜き、オーブンシートを敷いた天板に並べ、上面に溶き卵を塗り、200℃に予熱したオーブンで、約 15 ～ 20 分焼く。

夏のジャム

香りのよいすもも、そして
みずみずしい果物のオンパレード

夏の果物は、たっぷりの香りと水気を蓄えています。太陽が日に日に力強くなるのに応えるように、果物の種類も味わいも、日々変化していく季節です。種類ごとの味や香り、色の違いを楽しみながら、次々と瓶に閉じ込めていきましょう。特にすももは、ジャムを作りやすい果物。出始めは5月頃、品種を変えながら秋まで店に並びます。

　水気の多い果物には、粘度が出づらいものもあります。ペクチン粉末を利用したレシピを覚えておくと便利です。

夏のおいしいカレンダー

Summer calendar

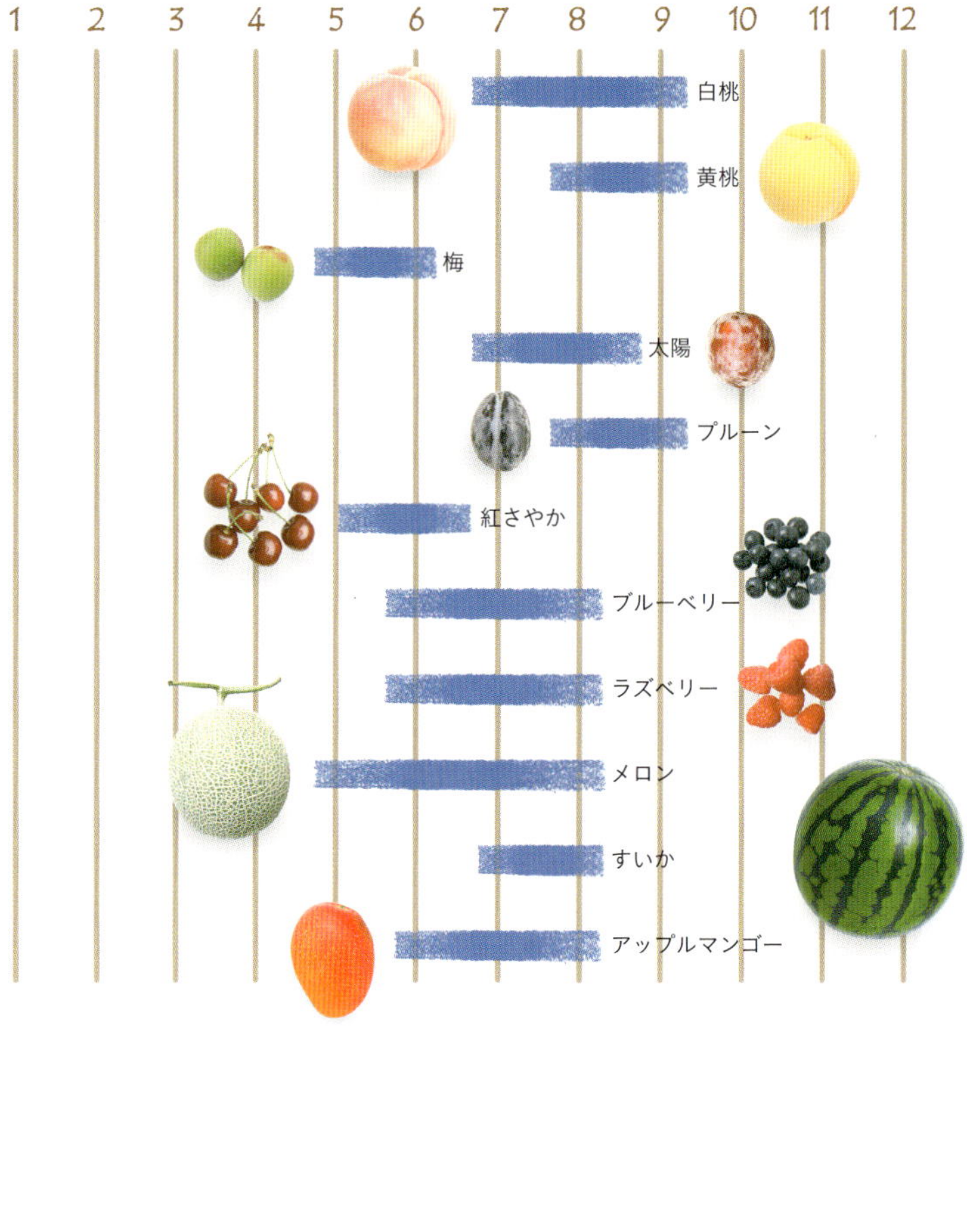

もも

Peach

桃

おいしい時期

1 2 3 4 5 6 7 8 9 10 11 12

学名……*Prunus persica*
分類……バラ科サクラ属
原産地……中国
主な生産地……山梨県、福島県

たっぷりの果汁をたたえた夏の果物の女王様

柔らかな果肉の食感と香りを活かすよう、さっと煮上げたい桃。皮や種のまわりにペクチンが含まれるので、果肉とは別に煮出して利用します。酸が少ないので、レモン果汁を加えて。

ほのかなピンク色と、上品な香り

桃ジャム

材料（作りやすい分量）

桃（皮と種を除いたもの）…500g（約２個分）
レモンの果汁…大さじ１
水…1/2 カップ
グラニュー糖…200g（桃の果肉の重量の 40％量）

作り方

1 桃は流水で優しくこすって産毛を取り、熱湯に入れてすぐに冷水に取り、皮をむく。皮はとっておく。

簡単な皮のむき方

鍋に湯を沸騰させて 10 ～ 30 秒ほど浸すと皮がツルっと一気にむけます。未熟なももをむくときにも使えるむき方です

2 種を除けながら、果肉はくし形切りにし、レモンの果汁をまぶす。

3 小鍋にとっておいた皮と分量の水を入れて火にかけ、沸騰したら弱火にし、皮の色が煮汁に移ったら火を止め、ザルに上げてこす。

point

桃の皮を煮出すことで、皮に含まれているペクチンと色素を出します

4 ③の煮汁を再び鍋に戻し、②とグラニュー糖半量を加えて火にかけ、沸騰したら中火にし、混ぜながら約 10 分煮る。

5 残りのグラニュー糖を加え、とろみがつくまで約５～ 10 分煮詰め、火を止める。

柔らかな果肉がごちそう。
ヨーグルトを添えても

黄金桃のコンポート

材料（作りやすい分量）

黄金桃…２個
レモンの果汁…大さじ１
グラニュー糖…100g
水…２カップ

point
白桃を使ってもおいしいです

作り方

1 桃は流水で優しくこすって産毛を取り、熱湯に入れてすぐに冷水に取り、皮をむく。

2 種を除けながら、果肉はくし形切りにし、レモンの果汁をまぶす。

3 小鍋にグラニュー糖と分量の水を入れて火にかけ、グラニュー糖が溶けたら、桃を並べ入れ、落としぶたをして、ごく弱火で約10分煮て、火を止めてそのまま冷ます。

瓶に入れ、冷蔵庫で１週間から10日間保存可能

白桃

白鳳、川中島白桃などの品種がある、果肉が薄桃色の桃。豊潤な香りと甘さが特徴。果肉が柔らかいので、扱いに気をつける。

■旬…7月〜9月

黄桃

お店に並ぶのは、ほとんど黄金桃という品種。白桃より酸味が強く、果肉が強いので、加熱調理におすすめ。

■旬…8月〜9月

ネクタリン

桃の突然変異で、桃に比べ、硬い果肉と甘酸っぱい味が特徴。皮は赤みが強く、果肉は黄色い。香りも強いので、ジャムに適している。

■旬…6月下旬〜9月

葉の活用法は？

葉には炎症を抑える働きがあるといわれ、リンパ腺炎には「つき汁」を貼るとよいといわれています。つき汁とは生の葉100gほどをすり鉢でつぶしながらついて、出た汁で、酒少々を加えて混ぜ、ガーゼにのばしてリンパ腺に貼れば、炎症がやわらぎます。あせもやおできなら生の葉を陰干しして乾燥させたもの100〜200gを布袋に詰め、浴槽に入れて、入浴するとよいといわれています。

うめ

Ume

梅

おいしい時期

1 2 3 4 5 6 7 8 9 10 11 12

学名……*Prunus mume*
分類……バラ科サクラ属
原産地……中国
主な生産地……和歌山県、群馬県

青梅から黄梅まで移り変わる風味を瓶に閉じ込めたい

主に6月に店頭に並ぶ、香りよい梅の実。酸ととろみ成分のペクチンをたっぷり含んでいるので、砂糖を加えて煮詰めれば、かんたんにジャムが作れます。青梅のジャム、黄梅のジャムと、季節の梅で味わいの違いを楽しんで。

うめの歴史

原産地は中国の中部から南部にかけてで、日本には8世紀ごろに中国から渡来したとされています。昔から果実の効用については定評があり、健康食品として、病気の予防や健康増進に欠かせないものでした。戦国時代には、携帯非常食としても活躍したといわれています。

さっぱりした酸味がくせになる

梅ジャム

材料（作りやすい分量）

梅（黄色く熟したもの）…500g
グラニュー糖…適量（作り方③参照）

1 鍋に洗った梅とたっぷりの水（分量外）を入れて、弱火にかける。梅がやわらかくなったら火を止め、そのまま粗熱をとる。

2 ①に細く水を流し入れながら、1～2時間苦みと酸味が抜けるまで水にさらす。

3 ②をザルに上げて水気をきり、梅を潰して種を除いて重さを量り、50％量のグラニュー糖を用意する。

4 小鍋に③の梅の実、グラニュー糖を入れて火にかけ、沸騰したら中火にし、アクを除き、ときどき混ぜながら約20～25分煮る。

梅酒の梅を活用。
大人の風味に仕上がります

梅酒の梅ジャム

材料（作りやすい分量）

A
梅酒の梅…250g
梅酒…1/2カップ
グラニュー糖…50g

レモンの果汁…大さじ1

point

酒と砂糖に漬け込んで、10ヶ月ぐらいのふっくらしている梅を使いましょう

1 小鍋にAを入れ、弱火にかけ、木べらで実を潰しながら混ぜる。

2 種が果肉から離れたら火を止め、種を取り出す。

3 レモンの果汁を加え、とろみがつくまで煮詰め、火を止める。

すもも

Plum

李

おいしい時期

1 2 3 4 5 6 7 8 9 10 11 12

学名……*Prunus spp.*
分類……バラ科サクラ属
原産地……（日本すもも）中国、（西洋すもも）コーカサス地方
主な生産地……山梨県、長野県

初心者にもおすすめの、ジャムにしやすいフルーツ

すももはプラム（日本すもも）とプルーン（西洋すもも）に分けられます。どちらもペクチンと酸が多く、ジャムにしやすい果物です。甘さ、酸味、果肉の色などの違いで、多くの品種が存在します。

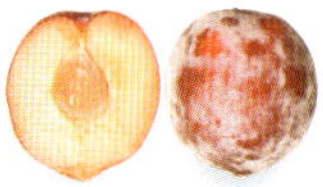

太陽

皮は紅色、果肉は乳白色の大玉品種。しっかりした果肉で、酸味がやや強いが、熟すと甘みが強くなる。

■旬…8月中旬

深い色と甘酸っぱさが魅力

太陽のプラムジャム

材料（作りやすい分量）

プラム（太陽・種を除いたもの）…500g
グラニュー糖…200g
（プラムの皮と果肉の重量の40%量）
レモンの果汁…大さじ1

作り方

1 プラムはよく洗い、皮つきのまま果肉を削り取り、種を除く。

2 ボウルに①を入れ、グラニュー糖半量を加えて全体にまぶし、約30分置く。

3 小鍋に②を入れて中火にかけ、アクを除き、ときどき混ぜながら約10分煮る。

4 残りのグラニュー糖とレモンの果汁を加え、とろみがつくまで約5～10分煮詰め、火を止める。

point
プラムにはとろみ成分のペクチンが多く含まれているので、冷めたときのとろみを考え、煮すぎないように注意しましょう。ここでは太陽という品種を使っていますが、違う品種のプラムでも、おいしく作れます

ころんとした形がかわいらしい

プラムのコンポート

材料（作りやすい分量）

プラム（秋姫）…5個
グラニュー糖…150g
水…2カップ
レモンの果汁…大さじ1

作り方

1 プラムはよく洗い、熱湯に入れて、皮が割れたらすぐに冷水に取り、皮をむく。

point
プラムの皮は湯むきでかんたんにむけます。ここでは秋姫という品種を使っていますが、違う品種のプラムでも、おいしく作れます

2 小鍋にグラニュー糖と分量の水を入れて火にかけ、グラニュー糖が溶けたら、①を並べ入れ、レモンの果汁を加え、落としぶたをして、ごく弱火で約10分煮て、火を止めてそのまま冷ます。

瓶に入れ、冷蔵庫で1週間から10日間保存可能

秋姫

旬はプラムのなかで遅く、9月に出回り始める。果肉は黄色、皮は紫色～紅色。甘さと酸味のバランスがよい、濃厚な味わい。

■旬…9月

大石早生《おおいしわせ》

皮は鮮やかな赤、果肉は黄色いプラムの代表品種。しっかりした酸味があるので、甘酸っぱいジャムに仕上げたいときにおすすめ。

■旬…5月下旬～7月上旬

ソルダム

皮は青みのある紫、果肉は濃い紅色と、見かけは意外な取り合わせ。ほどよい酸味としっかりした甘みがある。

■旬…7月下旬～8月上旬

花螺李《からり》

皮、果肉ともに暗紅色で、ジャムにすると鮮やかな赤い色になる。酸味が非常に強く、生食より加工に向いている品種。

■旬…5月下旬～6月中旬

プルーン

Prune

学名……*Prunus domestica*
分類……バラ科サクラ属
原産地……コーカサス地方
主な生産地……アメリカ合衆国

おいしい時期

紀元前からの歴史がある果物。生のままでも甘みがあり、おいしく食べられる。世界生産量の7割がアメリカのカリフォルニア州で栽培されている。

フレッシュなプルーンの風味を閉じ込めて

プルーンジャム

材料（作りやすい分量）

プルーン（種を除いたもの）…500g（約5個分）
グラニュー糖…200g
（プルーンの皮と果肉の重量の40％量）
レモンの果汁…大さじ1

作り方

1 プルーンは洗って、縦にぐるり一周切れ目を深く入れ、左右の果肉を互いに逆方向にひねって半分に割り、種を除いて皮つきのままざく切りにする。

2 小鍋に①を入れ、グラニュー糖半量を加えて中火にかけ、アクを除き、ときどき混ぜながら約10分煮る。

プルーンの皮は煮溶けてしまうので、気にしなくて大丈夫

3 残りのグラニュー糖とレモンの果汁を加え、とろみがつくまで約5～10分煮詰め、火を止める。

point
プルーンにはとろみ成分のペクチンが多く含まれているので、冷めると粘度が出ます。煮すぎないように注意しましょう

ドライプルーン

プルーンを機械で、水分量を20％程度に乾燥させたもの。甘みや風味が凝縮されており、お菓子作りによく使われる。

Bonne
Figues à la

さくらんぼ

Cherry

桜桃

おいしい時期

1 2 3 4 5 6 7 8 9 10 11 12

学名……*Prunus* spp.
分類……バラ科サクラ属
原産地……西南アジア地方
主な生産地……山形県、山梨県

一年のなかで、出回る時期が短い果物 冷凍ものを活用しても◎

さくらんぼには、生食用のスイートチェリーと、加工用のサワーチェリーがあります。普段、よく目にするスイートチェリーには、白肉種と赤肉種があり、ジャムに向くのは、酸味がしっかりした赤肉種です。

冷凍チェリーを使うと、色鮮やかに

サワーチェリージャム

材料（作りやすい分量）

サワーチェリー（冷凍）…400g
グラニュー糖…160g
（サワーチェリーの重量の40％量）
レモンの果汁…大さじ1

作り方

1 サワーチェリーは解凍し、フードプロセッサーに入れてかく拌し、細かくする。

point
チェリーは煮崩れないので、フードプロセッサーで細かくします

2 小鍋に①を入れ、グラニュー糖半量を加えて中火にかけ、アクを除き、ときどき混ぜながら約10分煮る。

3 残りのグラニュー糖とレモンの果汁を加え、とろみがつくまで約5～10分煮詰め、火を止める。

紅さやか
国産ではめずらしい赤肉種。皮は熟すにつれ、朱色から濃い紫色へ変化する。適度な甘みと酸味が特徴。
■旬…6月上旬～中旬

アメリカンチェリー
大粒で酸味が少ないのが特徴。加工しやすく、出回る時期が長く、比較的値段も手頃。

サワーチェリー
「酸果桜桃」という酸味の強い品種の総称。酸味が強く、ジャムに向く。生食用として出回ることは少なく、製菓材料店などで冷凍品が入手可能。

ベリー類

Berrys

おいしい時期（ブルーベリー）
1 2 3 4 5 6 7 8 9 10 11 12

学名……*Vaccinium spp.*
分類……ツツジ科スノキ属
原産地……アメリカ合衆国
主な生産地……長野県、茨城県

小さい粒に、夏が凝縮された香り、色、酸味の三拍子

甘酸っぱい味が日本でも夏の味覚として定着してきたベリー類。北欧やヨーロッパでは、昔から野山でベリー摘みが行われ、夏の楽しみのひとつとされています。傷みやすいので、すぐに調理するのが基本。

ブルーベリー

眼精疲労改善や老化防止など、栄養面でも注目される果物。ジャム特有のとろみ成分、ペクチンが多い。

■旬…6月〜8月

定番のおいしさ。手作りはとびきりの味です

ブルーベリージャム

材料（作りやすい分量）

ブルーベリー…300g
グラニュー糖…150g
（ブルーベリーの重量の 50%量）
レモンの果汁…大さじ 1

作り方

1 ブルーベリーは流水で洗って水気をきり、小鍋に入れてグラニュー糖半量を加えて弱火にかける。

point
グラニュー糖を減らすと、かなりゆるい仕上がりになるので、用途に合わせて調整しましょう

2 水分が出てきたら中火にし、約 10 分煮る。

3 残りのグラニュー糖とレモンの果汁を加え、とろみがつくまで約 10 〜 15 分煮詰め、火を止める。

クランベリー

北米原産のベリーで、日本ではほとんどがジュース、ドライフルーツや冷凍ものなど、加工されて出回る。

■旬…輸入もの 9月〜11月

ブラックベリー

甘みと酸味のバランスがよく、生で食べられることも多い。茨城県や滋賀県などの国内でも栽培されている。

■旬…7月〜8月

ラズベリー
しっかりとした酸味があり、お菓子やジャムに利用されることが多い。日本では、北海道や長野県で栽培されている。
■旬…6月〜8月

カラント
別名：フサスグリ／カシス。赤色のレッドカラントと、黒色のブラックカラントがある。日本では、7月頃に生で出回るほか、冷凍果実やドライフルーツなど、の加工品であれば、通年出回っている。
■旬…7月〜8月

冷凍ベリー
ベリー類は、冷凍しても風味を損ないづらいものが多いので、冷凍品はおすすめ。ブルーベリー、ラズベリーなど単一の商品のほか、ブラックベリー、カラントなどが混ざった、ミックスベリーなどがある。

様々な風味が絡む、リッチなおいしさ

ミックスベリージャム

材料（作りやすい分量）
好きな冷凍ベリー
（ブルーベリー、ブラックベリー、レッドカラントなど）…合わせて400g
グラニュー糖…200g
（冷凍ベリーの総重量の50％量）
水…1/4 カップ

作り方
1 小鍋にグラニュー糖と分量の水を入れて火にかける。

2 グラニュー糖が溶けたら、凍ったままのベリーを加え、中火にかける。

3 沸騰したら弱火にし、アクを除きながら、とろみがつくまで煮る。

粒々の種と、豊かな香りが楽しい

ラズベリージャム

材料（作りやすい分量）
冷凍ラズベリー…400g
グラニュー糖…200g
（ラズベリーの重量の50％量）
水…1/4 カップ

point
時間のある時は、ボウルに冷凍ラズベリーを入れ、グラニュー糖をまぶし、グラニュー糖が溶けるまで置いてから煮詰めましょう

作り方
1 小鍋にグラニュー糖と分量の水を入れて火にかける。

2 グラニュー糖が溶けたら、凍ったままのラズベリーを加え、中火にかける。

3 沸騰したら弱火にし、アクを除きながら、とろみがつくまで煮る。

メロン

Melon

甜瓜

おいしい時期 1 2 3 4 5 6 7 8 9 10 11 12

学名……*Cucumis melo*
分類……ウリ科キュウリ属
原産地……東アフリカ（諸説有）
主な生産地……茨城県、北海道

気品ある香りと柔らかな肉質 ジャムでも変わらず味わいたい

上品な甘い香りが特徴のメロン。繊細な風味をそのまま煮上げるように、加熱しすぎないのがポイント。ジャム特有のとろみ成分、ペクチンが少ないので、ペクチンを添加したレシピをご紹介します。

高貴な風味をそのままに

メロンジャム

材料（作りやすい分量）

メロン（皮と種を除いたもの）…500g（1個分）
グラニュー糖…200g
（メロンの果肉の重量の40%量）
ペクチン（粉末）…1袋（11g）
レモンの果汁…大さじ2

作り方

1 メロンは種と皮を除き、薄切りにする。

point
メロンはジャムのとろみに必要なペクチンが少ないので、市販のペクチンを加えて補います。ペクチンはダマになりやすいので、ボウルの水気はしっかりとふき取り、砂糖と混ぜ合わせておきましょう

2 ボウルにグラニュー糖とペクチンを入れ、泡立て器でよく混ぜ合わせる。

3 小鍋に①を入れ、沸騰したら中火にし、アクを除きながら、約10〜15分煮詰める。

4 ③を混ぜながら②を少しずつ加えて溶かし、レモンの果汁を加え、ときどき混ぜながら約10〜15分煮て、火を止める。

アンデスメロン
マスクメロンに似た香りと味わいがある、小ぶりのメロン。手頃な価格が魅力で、人気が高い品種。

マスクメロン
麝香の香りがする＝ムスクが名の由来。香りの強いヨーロッパ系のネットメロンの総称。

夕張メロン
強い甘みと香り、オレンジ色の果肉が特徴の品種。やや日持ちがよくないので、食べ頃を逃さないよう注意。

プリンスメロン
まくわうりと西洋種メロンを交配したメロンで、香りが強く、マスクメロンに近い肉質を持つ。

すいか

Wataer
Melon

西瓜

おいしい時期

学名……*Citrullus lanatus*
分類……ウリ科スイカ属
原産地……南アフリカ
主な生産地……熊本県、千葉県

水分たっぷりの、夏の定番果物ジャムにするにはひと工夫を

実の90％以上が水分のすいか。ジャムに必要な酸、ペクチンが少ないので、なかなかジャムでは使われません。ただし、ペクチンを加えるか、かんきつ類の果物と合わせれば、なつかしい夏の香りのジャムが出来ます。

夏らしい赤色に元気をもらえる

すいかジャム

材料（作りやすい分量）

すいか（皮と種を除いたもの）…500g
グラニュー糖…200g
（すいかの果肉の重量の40％量）
ペクチン（粉末）…1袋（11g）
レモンの果汁…大さじ2

作り方

1 すいかは皮と種を除き実と白い部分を5㎜角に切る。

2 ボウルにグラニュー糖とペクチンを入れ、泡立て器でよく混ぜ合わせる。

point
すいかはジャムのとろみに必要なペクチンが少ないので、メロン同様に、市販のペクチンを加えます

3 小鍋に①を入れ、沸騰したら中火にし、アクを除きながら、約10～15分煮詰める。

point
すいかは水分が多いので、じっくりと煮詰めて水分を飛ばしましょう

4 ③を混ぜながら②を少しずつ加えて溶かし、レモンの果汁を加え、ときどき混ぜながら約10～15分煮て、火を止める。

マンゴー

Mango

菴羅

学名……*Mangifera indica*
分類……ウルシ科マンゴー属
原産地……インド、マレー半島
主な生産地……沖縄県、宮崎県

おいしい時期
1 2 3 4 5 6 7 8 9 10 11 12

濃厚な色と甘みはまるでテーブルに太陽が運ばれたよう

濃厚な香りと甘みが印象的な南国フルーツ。加熱しても、その香りは健在です。ジャムだけでなく、スパイスを加えたチャツネもおすすめ。料理に少し加えるだけで、味の奥行きが増します。

トロピカルで、華やかなジャム

マンゴージャム

材料（作りやすい分量）

マンゴー（皮と種を除いたもの）…400g
グラニュー糖…160g
（マンゴーの果肉の重量の40%量）
レモンの果汁…大さじ1

作り方

1 マンゴーは皮をむき、果肉を細かく刻む。種のまわりの果肉は、スプーンでこそげ取る。

2 小鍋に①を入れ、グラニュー糖半量を加えて火にかけ、沸騰したら中火にし、アクを除きながら約15分煮る。

3 残りのグラニュー糖とレモンの果汁を加え、木べらで果肉を潰しながら、約5～10分軽くとろみがつくまで煮詰める。

カレーに加えると、コクのある甘みに

マンゴーチャツネ

材料（作りやすい分量）

マンゴー
（ややかためのもの・皮と種を除いたもの）…200g

A
- 玉ねぎ（すりおろす）…50g
- 生姜（すりおろす）…5g
- 白ワインビネガー…1/4 カップ
- トマトジュース…1/4 カップ
- グラニュー糖…25g
- 塩…小さじ 1/4
- 赤唐辛子（種を除く）…1/2 本

香辛料（ナツメグパウダーやシナモンパウダーなど
お好みのもの）…少々

肉や魚料理のソースに使ったり、カレーの隠し味に使うと味に深みが出ます

作り方

1 マンゴーの皮をむき、果肉を細かく刻む。種のまわりの果肉は、スプーンでこそげ取る。

2 小鍋に A と①を入れて火にかける。沸騰したら中火にする。

3 アクを除きながら約 15 分煮て、香辛料を加える。

4 軽くとろみがつくまで煮詰め、火を止める。

アップルマンゴー

皮がりんごのように赤いことからアップルマンゴーの名で親しまれ、アーウィン種、ケント種など、いくつかの品種がある。なめらかな舌触りと甘み、芳醇な香りが特徴。鮮やかな緋色のジャムができる。

■旬…6月～8月上旬
輸入もの　6～7月頃

ペリカンマンゴー

黄色い皮と果肉の、フィリピン産のカラバオ種という品種。比較的リーズナブルな価格で、ほどよい酸味と甘みを持つ。アップルマンゴーに比べると、香りが穏やか。

■旬…輸入もの
ほぼ1年中出回る

ナンドクマイ

ペリカンマンゴーを一回り大きくしたような、タイ産の品種。穏やかな酸味と、まろやかな甘さが特徴で、コクのある味わい。完熟すると、皮、果肉とも山吹色になる。

■旬…輸入もの　3月～6月

きってもきれない、ジャムとパンの関係

ジャムとパンの組み合わせ

ジャムとパンの組み合わせは、定番のようですが、とても奥深い組み合わせの妙があります。ジャムには、酸味の強いもの、酸味がおだやかなもの、シロップ状のもの…と、色々な個性があります。同じように、パンにも酸味のあるもの、甘みのあるもの、硬いもの、やわらかいもの…と、豊かな個性があります。様々な組み合わせを試すことで、「このジャムには、このパン」と、お気に入りの組み合わせが見つかるはずです。ここでは、そんなジャムとパンの組み合わせの一例をご紹介します。

バケット & ナッツのペースト

香ばしいバケットには、同じく香ばしいナッツがよく合います。バケットの食感を生かすためにも、水分の多いジャムではなく、ペースト状のジャムがおすすめです。（レシピ…p158）

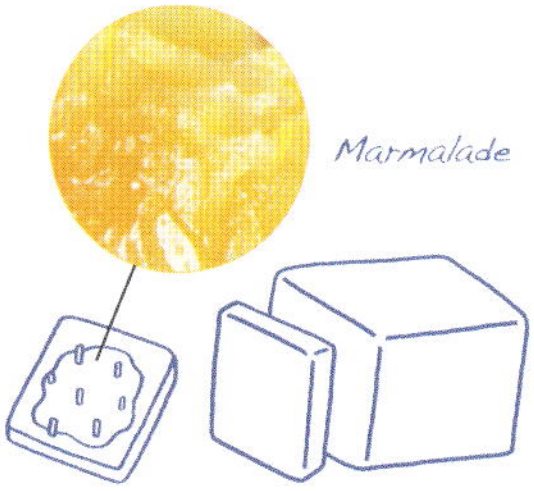

薄切り食パンのトースト & マーマレード

カリッと焼いた薄切りのトーストは、ジャムの風味を楽しみたい時におすすめ。とくにマーマレードは苦みと香りの絶妙なバランスが楽しめます。（レシピ…p28、31、36）

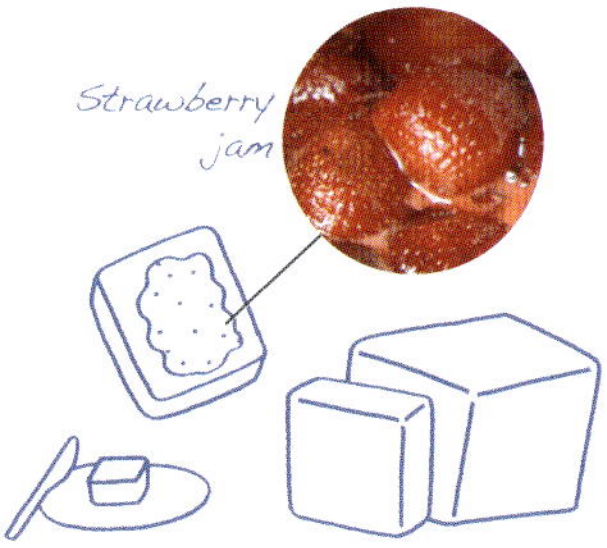

厚切り食パンのトースト & バター & いちごジャム

バターの濃厚な味わいを、甘酸っぱいいちごジャムがさわやかにまとめます。誰もが笑顔になる大定番。（レシピ…p18）

デニッシュ & レモンカード

バターがたっぷり練り込まれたデニッシュ生地には、コクのあるカードを組み合わせて。レモンの酸味がさわやかに味をまとめてくれます。（レシピ…p128）

ロールパン & バナナジャム

やさしい味わいのロールパンには、風味のやさしいバナナジャムを。丸形のパンは、切れ目を入れてジャムをはさめば、見ためも可愛らしく、食べやすいです。（レシピ…p144）

カンパーニュ & クリームチーズ & ベリーのジャム

酸味のある物同士の組み合わせ。チーズのコクにも負けない、ベリーの甘味を、噛みごたえのあるカンパーニュが受け止める、大人の味わいです。（レシピ…p60）

秋のジャム

目移りしてしまう、実りの秋
出盛りをキャッチしましょう

たくさんの種類の果物が、いっせいに旬を迎える秋。暑さの残る9月から、風に肩をすくめる11月まで、かけぬけるように果物の顔ぶれも変化していくので、ジャムにしたいものを見逃さないでください。りんごは、たくさんの品種が出回りますが、加熱に向くものは多くないので、適したものを選びましょう。

　空気が冷たい日に、鍋を火にかけるのは楽しいもの。果物の少なくなる冬にむけて、少しだけ多めに作ってみてください。

秋のおいしいカレンダー

Autumn calendar

いちじく

Fig

無花果

おいしい時期

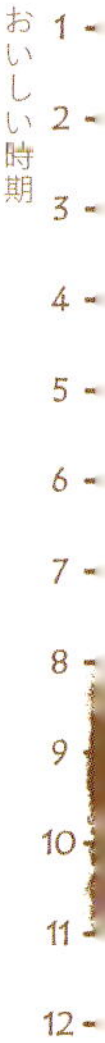

学名……*Ficus carica*
分類……クワ科イチジク属
原産地……アラビア半島
主な生産地……愛知県、和歌山県

秋空に変わったら一番にジャムにしたい果物

穏やかな甘さと、プチプチした食感が楽しいいちじく。紅色の薄皮ごと煮ることで、鮮やかな赤いジャムができます。ペクチンは豊富ですが、酸が少ないので、レモンの果汁を加えたレシピで作りましょう。

おだやかな風味で、味わい深い

いちじくジャム

材料（作りやすい分量）

いちじく…500g（約６個）
（白っぽい部分の皮を除いたもの）
グラニュー糖…200g
（いちじくの果肉と皮の一部の総量の 40％量）
レモンの果汁…大さじ 1

作り方

1 いちじくは手で軽くこすりながら水洗いして産毛を取る。

2 白っぽい部分の皮はむき、赤い皮を残してざく切りにする。

point
白っぽい部分は最後まで煮溶けないのであらかじめ除いておくとキレイなジャムに仕上がります

3 小鍋に②を入れ、グラニュー糖半量を加えて火にかけ、沸騰したら中火にし、アクを除きながら約 10 分煮る。

4 残りのグラニュー糖とレモンの果汁を加え、ときどき混ぜながら約 10 〜 15 分煮る。

point
いちじくの皮の色を煮出すことにより、きれいな色のジャムに仕上がります。焦げやすいので、注意しながら煮ましょう

ビオレ・ソリエス

フランス原産の比較的小ぶりな品種。濃厚な甘みと、濃い紫色の皮が特徴。日本での流通量は少ないが、トルコやフランスでは主流。

■旬…8月下旬～11月中旬

蓬莱柿《ほうらいし》

江戸時代から日本で栽培されている品種。おだやかな甘みと、ほどよい酸味がある。実が割れやすく、日持ちしないので、店頭に並ぶことは少ない。

■旬…8月下旬～11月上旬

桝井ドーフィン

ほどよい甘さとさっぱりした風味が特徴。明治時代にアメリカから持ち込まれ、現在では主流となっている品種。実の赤い部分が割れたものは過熟。

■旬…8月～10月

ユニークな実の形ごと味わう

いちじくコンポート

材料（作りやすい分量）

いちじく…5個

A
- 白ワイン…3/4 カップ
- 水…1 カップ
- グラニュー糖…150g

レモンの輪切り…2 枚

レモンの果汁…大さじ 1

作り方

1 いちじくは手で軽くこすりながら水洗いして産毛を取り、へたを残して皮をむく。

point

皮が気にならなければ、そのまま煮てもおいしいです

2 小鍋に①のいちじくの皮と A を入れて火にかけ、グラニュー糖が溶け、皮の色が煮汁に移ったら火を止め、ザルに上げてこす。

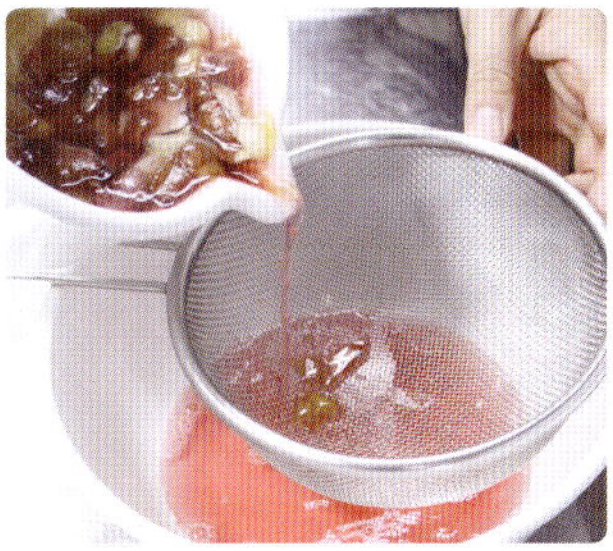

3 ②の鍋にいちじくの果肉、レモンの輪切り、レモンの果汁を入れ、②の煮汁を戻し、落としぶたをして中火にかけ、煮立ったら弱火にして約 10 分煮詰め、火を止めてそのまま冷ます。

万能薬？の白い汁

いちじくを扱うとき、白い乳液状のものが出てきますが、これはフィシンと呼ばれるたんぱく質分解酵素。外用薬として利用されてきました。

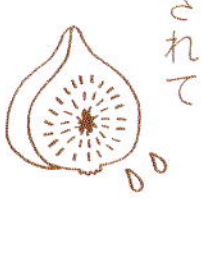

ぶどう

Grape

葡萄

おいしい時期

1　2　3　4　5　6　7　8　9　10　11　12

学名……*Vitis spp.*
分類……ブドウ科ブドウ属
原産地……コーカサス地方、アメリカ合衆国
主な生産地……山梨県、長野県

果肉の甘み、皮の香りと色　一粒ずつごとの味わいを活かして

丸い粒に、たっぷりの果汁を蓄えたぶどう。ジャムにするととろみ成分のペクチンが少ないことから、ややゆるめに仕上がります。魅力的な紫色に仕上げるには、皮ごと煮ましょう。品種によって異なる香りや色合いが楽しめます。

リッチな風味を閉じ込めて

巨峰ジャム

材料（作りやすい分量）

巨峰（軸と種を除いたもの）…400g
グラニュー糖…200g
（巨峰の皮と果肉の総量の 50％量）
レモンの果汁…大さじ 1

作り方

1 巨峰は軸からはずし、洗って 4 等分に切り、種があれば除く。

2 小鍋に①を入れて火にかけ、沸騰したら中火にし、アクを除き、ときどき混ぜながら約 10 ～ 15 分煮る。

point
巨峰は大粒で果汁が多いので、水を加えずに煮ます

3 皮がやわらかくなったら、グラニュー糖半量とレモンの果汁を加え、さらに約 5 分煮る。

point
ゆるめのジャムに仕上がるので、もっとかたく仕上げたいときは、グラニュー糖の量を増やし、少し煮詰めましょう

4 残りのグラニュー糖を加え、約 5 分煮詰め、火を止める。

種のないぶどう？

市場でよく見かける、食べやすい種なし巨峰やデラウェア。これらははじめから種がないわけではなく、栽培の途中で、植物ホルモン液（ジベレリン）にひと房ずつ浸すという、大変手間のかかる処理を二度行うことで作られる。

さわやかな香りと味わい

マスカットジャム

材料（作りやすい分量）

マスカット（軸と種を除いたもの）…400g
水…1/4 カップ
レモンの果汁…大さじ 1
グラニュー糖…200g
（マスカットの皮と果肉の総量の 50％量）

マスカット・オブ・アレキサンドリア

ぶどうの女王と呼ばれるエジプト原産の高級ぶどう。香り高く、上品な甘みがある。様々な品種の親にもなる。抜群の食味。

■旬…9月下旬～10月上旬

ネオ・マスカット

アレキサンドリアよりひと回り小さい品種。果肉に弾力があり、マスカット特有の上品な香りがある。甘みが強く、酸味が少ない。

■旬…8月初旬～9月下旬

トンプソン

チリなどから輸入される、種なしぶどう。ほどよい酸味とさっぱりした甘みで、さわやかな味わい。比較的安価に入手できる。

■旬…輸入もの　6月～翌1月

作り方

1 マスカットは軸からはずし、洗って半分に切り、種があれば除く。

2 小鍋に①を入れ、分量の水とレモンの果汁を加えて火にかけ、沸騰したら中火にし、アクを除き、ときどき混ぜながら約 10 分煮る。

point
マスカットは水分が少ないので、水を加えて煮ます

3 皮がやわらかくなったらグラニュー糖半量を加え、約 10 分煮る。

point
ゆるめのジャムに仕上がるので、もっとかたく仕上げたいときは、グラニュー糖の量を増やし、少し煮詰めましょう

4 残りのグラニュー糖を加え、約 5 分煮詰め、火を止める。

ぶどうを食べると寿命がのびる？

近年、アメリカの研究チームがぶどうの渋みのもとになる成分、ポリフェノールの一種であるレスベラトロールに、長寿遺伝子を活性化させ、寿命をのばす作用があるという実験結果を発表した。この発表を証明するかのように、日本においてぶどうの品種改良に尽力した江戸時代初期の医師・永田徳本はなんと118歳まで長生きしたという記録が残っている。記録が正確ならとても信じられない長寿といえる。

マスカット・ベリーA

ほのかな酸味と強い甘みがあり、わずかにマスカットの香りがする。ジュースや国産赤ワインの原料にされる代表品種。

加工に適した品種。ぜひ一度お試しを

ベリーAジャム

材料（作りやすい分量）

ベリーA…400g
水…1/2カップ
グラニュー糖…適量
レモンの果汁…大さじ1

作り方

1 ベリーAは軸からはずし、洗って小鍋に入れ、分量の水を加え、木べらで実を潰しながら中火で約15～20分煮る。

point
ベリーAは皮が厚く、種も多いので、皮ごと煮て実を潰し、果汁や色素、ペクチンを抽出します

2 皮と果肉がやわらかくなったら火を止め、ザルでこす。煮汁の重さを量り、50％量のグラニュー糖を用意する。

3 ②の煮汁を再び鍋に戻し、グラニュー糖半量を加えて火にかけ、沸騰したら中火にし、アクを除き、ときどき混ぜながら約15～20分煮る。

4 残りのグラニュー糖とレモンの果汁を加えて少々とろみがつくまで約5分煮詰め、火を止める。

0,25l

手作りぶどうスカッシュを召し上がれ

ピオーネシロップ

水や炭酸水で３～４倍に割って飲んだり、そのままかき氷やヨーグルトにかけてもおいしいです

材料（作りやすい分量）

ピオーネ（軸と種を除いたもの）…500g
水…1/2 カップ
グラニュー糖…100g
レモンの果汁…大さじ 1

point
種があると渋味が出てしまうので、しっかりと種は除きましょう

作り方

1 ピオーネは軸からはずし、洗って 4 等分に切り、種があれば除く。

2 小鍋に①と分量の水を入れて火にかけ、沸騰したら弱火にし、アクを除き、ときどき混ぜながら約 15 分煮る。

3 グラニュー糖とレモンの果汁を加え、木べらで実を潰しながら約 15 分煮る。

4 ペーパータオルを敷いたザルに③を入れてこす。

瓶に入れ、冷蔵庫で２週間保存可能

巨峰

ぶどうの王様と呼ばれる、甘みと香り豊かな品種。皮は黒に近い紫で、果肉はたっぷり果汁を含み、ジューシー。

■旬…8月中旬～9月中旬

ピオーネ

巨峰に似た肉質で、果汁豊かな品種。しっかりした甘みがありながら、さわやかな後味が特徴。

■旬…8月中旬～9月初旬

甲斐路《かいじ》

マスカットのような香りと酸味、まろやかな甘みが特徴の赤系の品種。種を取り除いてジャムにすると、宝石のような赤紫のジャムになる。

■旬…9月初旬～10月下旬

ナイアガラ

白ぶどうジュースやワインの原料にされる、香り高い品種。現在は、生食より加工目的で生産されることが多い。

■旬…8月下旬

なし

Japanese Pear

和梨

おいしい時期

1 2 3 4 5 6 7 8 9 10 11 12

学名……*Pyrus serotina*
分類……バラ科ナシ属
原産地……日本
主な生産地……千葉県、茨城県

おだやかな香りの水菓子 ひと手間かけてジャムにして

シャリッとした特有の食感が魅力の和梨。果肉のほとんどが水分で、ペクチンや酸が少なく、ジャムにされることは稀です。果肉の繊維を利用すると、全体にとろみがつくので、細かく刻んで繊維を出やすくしましょう。

独特の食感を楽しんで

和梨ジャム

材料（作りやすい分量）

和梨（皮と芯を除いたもの）…500g
グラニュー糖…200g
（和梨の果肉の重量の 40％量）
ペクチン（粉末）…1 袋（11g）
レモンの果汁…大さじ 2

point
和梨はジャムのとろみに必要なペクチンが少ないので、市販のペクチンを加えて補います。ペクチンはダマになりやすいので、ボウルの水気はしっかりとふき取り、砂糖と混ぜ合わせておきましょう

作り方

1 和梨は皮と芯を除き、8 等分のくし形に切り、5 ㎜厚さの薄切りにする。

2 ボウルにグラニュー糖半量とペクチンを入れ、泡立て器でよく混ぜ合わせる。

3 小鍋に①を入れ、残りのグラニュー糖を加えて火にかけ、沸騰したら中火にし、アクを除きながら、約 10 ～ 15 分煮詰める。

4 ③を混ぜながら②を少しずつ加えて溶かし、レモンの果汁を加え、ときどき混ぜながら約 10 ～ 15 分煮て火を止める。

point
和梨は水分が多いので、じっくりと煮詰めて水分を飛ばしましょう

生姜の風味が優しくマッチした甘煮

和梨の生姜コンポート

材料（作りやすい分量）

和梨…1個
生姜…10g
グラニュー糖…80g
水…2カップ

瓶に入れて冷蔵庫で1週間から10日間保存可能

作り方

1 和梨は皮と芯を除き、4等分のくし形に切る。

2 生姜は皮をむき、千切りにする。

3 小鍋にグラニュー糖と分量の水を入れて火にかけ、グラニュー糖が溶けたら、①を並べ入れ、②を散らし、落としぶたをして、ごく弱火で約10分煮て、火を止めてそのまま冷ます。

西洋なし

Pear

西洋梨

学名……*Pyrus communis*
分類……バラ科ナシ属
原産地……ヨーロッパ
主な生産地……山形県、長野県

おいしい時期

1 2 3 4 5 6 7 8 9 10 11 12

煮ても引き立つ、なめらかな舌触り

香しい香りと、とろりとした食感が魅力の西洋梨。その風味と食味を活かしたコンポートは、おなじみのデザートです。ジャムでも、香りを活かすように、煮込みすぎないのがポイントです。

とろけるような口当たり、
芳醇な風味が秀逸

ル・レクチェジャム

材料（作りやすい分量）

ル・レクチェ（皮と芯を除いたもの）…500g
グラニュー糖…200g
（ル・レクチェの果肉の重量の40％量）
レモンの果汁…大さじ1

point

ル・レクチェは香りのよい、食べ頃のものを使って下さい。果肉がやわらかいので、加熱時に果肉を好みの大きさに潰して、食感を出しましょう

作り方

1 ル・レクチェは縦4等分に切り、芯を除き、皮をむいて3㎜厚さの薄切りにする。

2 小鍋に①を入れ、グラニュー糖とレモンの果汁を加えて混ぜ、火にかける。

3 沸騰したら中火にし、アクを除きながら約15分煮る。

4 木べらで果肉を潰しながら好みの粗さにし、とろみがつくまで約10～15分煮詰める。

ル・レクチェ

きめ細かく白い果肉が特徴。高貴な香りと甘さ。栽培が難しい高級品種で、原産国フランスでも年々栽培が減っている。

■旬…12月～翌1月

ラ・フランス
なめらかな果肉と上品な香りが特徴。原産国フランスでは、「わが国を代表するにふさわしい果物」とされている。
■旬…10月中旬

コンポートの王様的存在。
香りの調和がお見事

ラ・フランスの赤ワイン煮

材料（作りやすい分量）

ラ・フランス…2個
グラニュー糖…100g
水、赤ワイン…各1カップ
A レモンの輪切り…2枚
A シナモンスティック…1本
A クローブ…4粒

point
ほかの洋梨を使ってもおいしいです。完熟のものは、煮崩れる場合があるので、ややかためのものを使いましょう

作り方

1 ラ・フランスは洗って4等分に切り、芯を除いて皮をむく。

2 小鍋にグラニュー糖、分量の水、赤ワインを入れて火にかけ、グラニュー糖が溶けたら火を止め、①を並べ入れる。

3 ②にAを加え、落としぶたをして中火にかけ、沸騰したら弱火で15～20分煮詰め、火を止め、そのまま冷ます。

キンモクセイを漬込んだ白ワイン、
桂花陳酒を使って

ラ・フランスの中華風コンポート

材料（作りやすい分量）

ラ・フランス…２個
レモンの果汁…大さじ１
A グラニュー糖…50g
A 桂花陳酒、水…各3/4カップ
バニラビーンズ…長さ１㎝分

作り方

1 ラ・フランスは4等分に切り、芯を除いて皮をむき、レモンの果汁をまぶす。

2 小鍋にAを入れて火にかけ、半分に切り、種をしごき出したバニラビーンズをさやごと入れる。

3 グラニュー糖が溶けたら火を止め、①を並べ入れ、落としぶたをして中火にかける。煮立ったら弱火にして約15～20分煮詰め、火を止めてそのまま冷ます。

バートレット
つるりとした薄い果皮が特徴的。果汁が多く、バターのようなとろける果肉を持つ。世界的に生産量が多く、缶詰に加工されることが多い。
■旬…9月上旬

マルゲリット・マリーラ
甘みと酸味がしっかりとした大玉品種。やや繊維質だが、たっぷりの果汁があり、香りが強いのが特徴。
■旬…9月中旬

ざくろ

Pomegranate

石榴

おいしい時期

学名……*Punica granatum*

分類……ザクロ科ザクロ属

原産地……イラン

主な生産地……アメリカ合衆国、イラン

1 2 3 4 5 6 7 8 9 10 11 12

秘密めいた赤い実は手軽に楽しめるシロップに

古代の医学書や旧約聖書にも登場するほど、昔から美容と健康によいフルーツとして知られるざくろ。甘酸っぱい独特の風味が特徴で、たくさん詰まった実は種が多いため、ジュースやシロップにするのがおすすめです。

水や炭酸水で3～4倍に割って飲んだり、そのままかき氷やヨーグルトにかけてもおいしいです

つぶつぶの実をギュッと濃縮

ざくろシロップ

材料（作りやすい分量）

ざくろ…500g
グラニュー糖…適量（作り方②参照）

瓶に入れ、冷蔵庫で1ヶ月保存可能

作り方

1 ざくろは皮をむいて実をほぐし、さらしに包んで木べらで実を潰し、果汁を絞る。

2 果汁の重さを量り、40％量のグラニュー糖を用意する。

3 小鍋に果汁とグラニュー糖を入れ、弱火にかけ、混ぜながら2/3量になるまで煮詰める。

鮮やかな色はカクテルにも

鮮やかな赤が特徴的なざくろシロップは、「グレナデンシロップ」とも呼ばれ、カクテルの色づけに使われます。自家製のシロップは、炭酸で割って楽しんだり、お好みのコンポートに少量加えるのもいいですよ。

なつめ

Jujube

棗

おいしい時期 1 2 3 4 5 6 7 8 9 10 11 12

学名……*Zizyphus jujuba var. inermis*
分類……クロウメモドキ科ナツメ属
原産地……アジア東部
主な生産地……福井県、岐阜県

りんごに似た味の、素朴な果物

薬膳の材料として利用されるほど栄養価の高いなつめは、韓国、中国料理でよく目にするフルーツです。ドライフルーツによく加工されていますが、生のものは9月頃が旬で、甘酸っぱいりんごのような味わいです。

小さな実は、素朴な味のおやつに

ナツメのコンポート

材料（作りやすい分量）

ナツメ…200g
グラニュー糖…200g
水…1と1/4カップ
レモンの果汁…大さじ1

瓶に入れ、冷蔵庫で1週間から10日間保存可能

作り方

1 ナツメはよく洗い、ヘタを楊枝で取る。

ナツメの下ごしらえ
庭木としても人気。実の中に虫が入っていることがあるので、40℃ぐらいの湯で洗い、数分間浸しましょう。虫が出てきたら、洗い流して

2 小鍋にグラニュー糖と分量の水を入れて火にかけ、グラニュー糖が溶けたら、①とレモンの果汁を加える。

3 クッキングシートの落としぶたをして、ごく弱火で約10分煮て、火を止めてそのまま冷ます。

かりん

Chinese quince

花梨

おいしい時期

1 2 3 4 5 6 7 8 9 10 11 12

学名……*Chaenomeles sinensis*
分類……バラ科ボケ属
原産地……中国
主な生産地……長野県、山形県

鼻をくすぐる香りを瓶に閉じ込めて、冬支度を

柔らかな芳香とは裏腹に、果実はかたくて渋く、生食に向きません。香りのもととなっているエキスには、のどの炎症を抑える効果があります。寒さの厳しくなっていく秋口にジャムやシロップを作り置きしておけば、冬の間も楽しめます。

ふくよかな香りを味わう

かりんジャム

材料（作りやすい分量）

かりん…1～2個（約500g）
グラニュー糖…適量（作り方④参照）

かりんの下ごしらえ

かりんの実は非常にかたいので、切るときに気をつけましょう。かたすぎる場合は、ラップに包んで電子レンジで1分間加熱すると切りやすくなります

作り方

1 かりんはよく洗い、水気をふき取り、縦半分に切って、種と芯をスプーンでくり抜く。種と芯はとっておく。

2 果肉の半分は4等分に切り、皮をむいて2～3㎜の厚さのいちょう切りにし、水にさらす。残りの果肉は皮つきのまま5㎜のいちょう切りにする。

3 小鍋にかりんの皮つきの果肉、種、芯、皮を入れ、ひたひたの水（分量外）を加えて火にかける。煮立ったら中火にし、約30分煮詰め、とろりとした煮汁をザルに上げてこす。

4 煮汁の重さを量り、30％量のグラニュー糖を用意する。

5 ④の煮汁を鍋に戻し、水気をきった②の果肉とグラニュー糖を加えて火にかけ、沸騰したら中火にし、混ぜながらとろみがつくまで約15分煮詰め、火を止める。

point

全部の果肉をジャムにしてしまうと、かりんの渋味が出てしまうので、果肉の量は半分以下にとどめるように。もしくは、実をすべて煮出して、果肉のないジャムにするのもいいでしょう。のどが痛いときにお湯に溶かして飲むと痛みがやわらぎます

のどに優しいエキスを抽出！

はちみつかりんシロップ

材料（作りやすい分量）

かりん…1個
はちみつ…適量

水や湯に溶かして飲んだり、
パンにつけてもおいしいです

作り方

1 かりんはよく洗い、水気をふき取り、縦4等分に切り、種と芯を取り除く。果肉は皮つきのまま2～3㎜の厚さの薄切りにし、種はティーパックに入れる。

2 瓶に①のティーパックを入れ、上から果肉を詰め、果肉がかぶるくらいまではちみつを注ぎ、ふたをする。漬け込んで2週間くらいは、時々ふたを空けてガス抜きをしてすぐに閉じ、上下を逆さまにして混ぜ、冷暗所に1～2ヶ月置く。

3 十分にエキスが出て、はちみつがシロップ状になったら、ザルに上げて果肉とティーパックを取り除き、シロップを別の瓶に入れ替え、冷蔵庫で保存する。

point

かりんがはちみつに浸ってないと、変色やカビが生えるので、時々、上下にしてかき混ぜることが大切です。出来上がったかりんシロップは、冷蔵庫で保存しましょう

くり

Chestnut

栗

学名……*Castanea* spp.
分類……ブナ科クリ属
原産地……日本、中国、朝鮮半島南部など
主な生産地……茨城県、熊本県

おいしい時期

1 2 3 4 5 6 7 8 9 10 11 12

ころころとかわいらしい、秋の人気者

ほくほくの食感と程よい甘みが、女性に人気の果物。殻をむく手間をかけても、楽しみたい味覚です。皮にハリと光沢がある、ずっしり重いものが良品。殻に守られていますが、常温では乾燥や虫食いの心配があるので、ポリ袋に入れて冷蔵庫で保存しましょう。

とろりと柔らかく煮上がる渋皮が絶品

栗の渋皮煮

材料（作りやすい分量）

栗…500g
グラニュー糖…適量（作り方⑥参照）
重層…適量

作り方

1 鍋にたっぷりの湯（分量外）を沸かして火を止め、栗を入れ、ぬるま湯程度になったら栗を取り出し、鬼皮をむき、水にさらす。

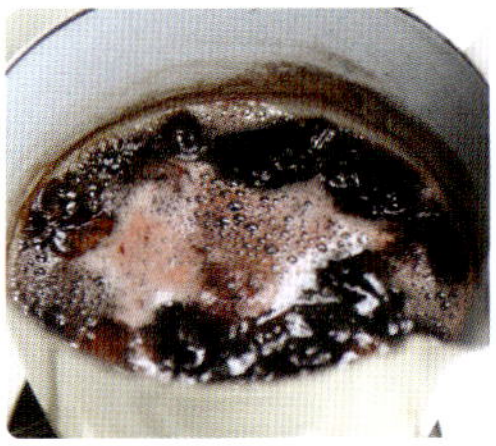

2 再び鍋に①を入れ、かぶるくらいの水（分量外）を入れ、重層小さじ1を加えて混ぜ、火にかける。沸騰したら弱火にし、約20分ゆでる。

3 ②をザルに上げて水気をきり、流水で栗をやさしく洗う。

4 ②と③の行程を2回繰り返す。

point
ゆでこぼす作業を丁寧に繰り返すことで、渋皮のえぐみがなくなります

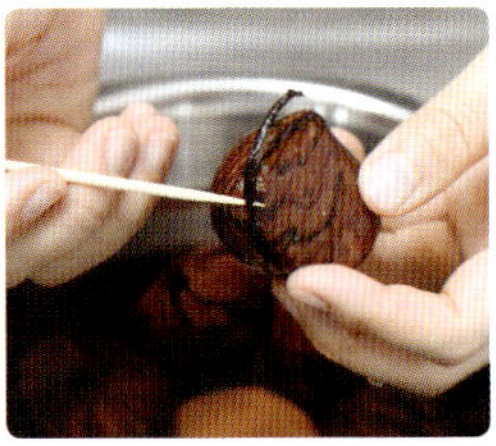

5 栗は筋を竹串で取り、綿状のものを指で軽くこすって落とし、水にさらす。

6 ⑤の水気をきって、重さを量り、40%量のグラニュー糖を用意する。

7 再び鍋に栗とひたひたの水（分量外）を入れて火にかけ、沸騰直前でグラニュー糖1/3量を加えて溶かし、残りを2回に分けて加える。ごく弱火で約1時間、アクを除きながら煮て、火を止めてそのまま冷ます。

8 ⑦をザルに上げて、煮汁を鍋に戻して強火にかけ、煮汁が2/3量になるまで煮詰め、栗を戻し、沸騰直前で火を止め、熱いうちに瓶に入れる。

コレステロール値低下や糖尿病予防に役立つタンニンが含まれる渋皮。あえて残して、栄養、味わい、香りをアップさせましょう

栗の歴史

日本で栽培されている少し大きめのニホングリの原産地は、日本から朝鮮半島南部と考えられており、日本では縄文時代にはすでに栽培がはじまっていたとされる遺跡が発見されています。主な産地は茨城県、熊本県などですが、名産地として丹波地方がよく知られています。

きんとんや、
おせちに欠かせない定番煮

栗の甘露煮

材料（作りやすい分量）

栗…15個
A 焼きみょうばん…小さじ1
A 水…2カップ
クチナシの実…1個
B グラニュー糖…100g
B 水…2カップ

作り方

1 鍋にたっぷりの湯（分量外）を沸かして火を止め、栗を入れ、ぬるま湯程度になったら栗を取り出し、鬼皮と渋皮をむき、水にさらす。

2 ボウルにAを入れて溶かし、水気をきった①の栗を漬け、1～2時間置く。

point
焼きみょうばんには、栗の渋味とアク抜きの役目があります。また、実を締めてくれるので煮崩れしにくくなります

3 鍋に水気をきった栗とひたひたの水（分量外）を入れ、砕いたクチナシの実を入れて弱火にかける。煮立ったらごく弱火にし、約10分ゆでて、火を止めてそのまま冷まし、粗熱がとれたらザルに上げる。

point
クチナシの実を入れるのは、色づけのためで、長く煮すぎると苦みが出るので、注意しましょう

4 別の鍋にBを入れて火にかけ、グラニュー糖が溶けたら弱火にし、③を加え、落としぶたをして15～20分煮て、火を止めてそのまま冷ます。

こっくりと深いおいしさ。
クラッカーにぬるだけで立派な洋菓子に

はちみつマロンペースト

材料（作りやすい分量）

栗（鬼皮と渋皮を除いたもの）…250g

A
- 水…1/4 カップ
- グラニュー糖…50g
- はちみつ…30g
- バニラビーンズ（種をしごく）…1/8 本

バター（食塩不使用）…10g
ラム酒…小さじ 1

作り方

1 栗は洗って鍋に入れ、たっぷりの水（分量外）を加え、約 40 ～ 50 分ゆでる。

2 ①をザルに上げて水気をきり、栗を半分に切り、スプーンで果肉をくり抜き、ボウルに入れ、温かいうちに裏ごしする。

3 小鍋に②を入れ、A を加えてよく混ぜ合わせ、中火にかける。

4 よく混ぜながらバターとラム酒を加え、溶けてなじんだら火を止める。

保存容器に入れ、冷蔵庫で 1 週間保存可能

銀寄

甘みが強く風味がよい、大粒の品種。見栄えがよく、マロングラッセ等に使われる。ほくほくした食感が特徴。
■旬…9月中旬～10月初旬

利平栗

日本栗と中国栗の交配品種。果皮の色が黒っぽく、甘みが強いのが特徴。やや皮がむきづらいので、渋皮煮よりもペーストなどに適する。
■旬…9月中旬～10月上旬

卵黄を加えて色よく。
日持ちしないので、ご注意を

マロンバター

材料（作りやすい分量）

栗（鬼皮と渋皮を除いたもの）…250g

A
- グラニュー糖…75g
- 卵黄…1 個
- バター（食塩不使用）…30g
- ブランデー…小さじ 1

作り方

1 栗は洗って鍋に入れ、たっぷりの水（分量外）を加え、約 40 ～ 50 分ゆでる。

2 ①をザルに上げて水気をきり、栗を半分に切り、スプーンで果肉をくり抜き、ボウルに入れ、温かいうちにフォークで潰す。

3 小鍋に②を入れ、A を加えてよく混ぜ合わせ、中火にかける。よく混ぜながら、仕上げにブランデーを加え、火を止める。

保存容器に入れ、冷蔵庫で 5 日間保存可能

かき

Persimmon

柿

おいしい時期

1 2 3 4 5 6 7 8 9 10 11 12

学名……*Diospyros kaki*
分類……カキノキ科カキノキ属
原産地……日本、中国
主な生産地……和歌山県、奈良県

ほどよい甘さと風味は「和」ジャムの代表にふさわしい

秋のふるさとの風景に欠かせない柿。現在は多くの品種が市場に出回っています。しっかりした甘さと風味はジャムにしても変わらず、豊富な繊維で程よいとろみのあるジャムに仕上がります。

どこかなつかしい味
柿ジャム

材料（作りやすい分量）

柿（皮と種を除いたもの）…300g
グラニュー糖…150g
（柿の果肉の重量の50%量）
レモンの果汁…大さじ1

作り方

1 柿は皮をむき、種があれば種を除き、ざく切りにする。

2 フードプロセッサーに①を入れてかく拌し、ピュレ状にする。

point
煮すぎると渋味が出るので、手早く仕上げましょう

3 小鍋に②とグラニュー糖半量を入れ、弱火で約5分煮る。

4 残りのグラニュー糖を加え、約5分煮詰め、レモンの果汁を加えて火を止める。

かきの歴史

原産地は日本と中国で、「柿」という文字は日本の国字です。果実は原始時代から食べられているとされていますが、そのころは渋柿しかなかったと考えられています。甘柿は鎌倉時代に突然変異や交雑により誕生し、明治時代に入るまで、最も甘い果樹の代表とされていました。現在ではそのおいしいさは欧米にまで知られているとか。

富有

「柿の王様」とも呼ばれる、完全甘柿の代表品種。果汁がたっぷりで、柔らかな果肉は甘みが強い。

■旬…11月中旬～12月初旬

次郎

四角く平たい形が特徴。果肉はややかたく、しっかりした歯ごたえがある。種がほとんどないので、加工しやすい。

■旬…10月中旬～11月下旬

愛宕

渋抜きに1ヶ月ほどかかるため、甘柿より遅く出回りはじめる品種。穏やかな甘さで、果肉がしっかりしている。

■旬…11月中旬～翌2月下旬

筆柿

形が筆に似ていることから、名前がついた柿。やや小ぶりだが、まったりした甘さがある。

■旬…9月中旬～11月中旬

甘く煮た柿は、番茶やコーヒーのお供にも

柿コンポート

材料（作りやすい分量）

柿…2個
グラニュー糖…80g
水…2カップ
ホワイトラム又はブランデー（好みで）…小さじ1

作り方

1 柿は皮をむき、種があれば種を除き、8等分のくし形切りにする。

2 小鍋にグラニュー糖、分量の水を入れて火にかけ、グラニュー糖が溶けて沸騰したら火を止め、①を並べ入れ、落としぶたをする。

3 ②を中火にかけ、沸騰直前で弱火にし、ごく弱火で約10分煮て、ホワイトラムを加え、火を止めてそのまま冷ます。

瓶に入れ、冷蔵庫で4～5日間保存可能

りんご

Apple
林檎

おいしい時期

学名……*Malus pumila*
分類……バラ科リンゴ属
原産地……コーカサス地方北部
主な生産地……青森県、長野県

ジャム入門としてぜひ作りたい失敗しらずのやさしい味わい

酸もペクチンも豊富に含む、ジャム向きの果物のひとつ。特に酸味が強い品種がおすすめです。皮の加え方で、透明感のある黄色から、美しい紅色まで色を調整することができます。

美しい色と風味は紅玉ならでは

紅玉ジャム

材料（作りやすい分量）

紅玉（皮と芯を除いたもの）…400g
グラニュー糖…160g（紅玉の果肉の重量の 40％量）
レモンの果汁…大さじ 1
水…2 カップ

作り方

1 紅玉はよく洗い、8等分に切り、皮をむいて芯を除き、5㎜厚さのいちょう切りにしてボウルに入れ、グラニュー糖とレモンの果汁をまぶし、約1時間置く。

2 小鍋に皮と芯と分量の水を入れ、煮汁がピンク色になるまで弱火で煮出し、火を止めてザルに上げ、こす。

3 ②の小鍋に①を入れ、②の煮汁を加えて火にかけ、沸騰したら中火にし、アクを除き、ときどき混ぜながら約10～15分煮る。

4 水分が少なくなり、とろみがついたら火を止める。

お好みで仕上げにシナモンパウダーを加えても美味。パイ生地に紅玉ジャムを包んで焼けば、あっという間にアップルパイが出来ます

紅玉

強い酸味と、上品な香りが特徴。煮崩れしにくいため、加熱調理にも適している。皮を煮出せば、美しい紅色の煮汁がとれる。

■旬…10月上旬～11月初旬

ブラムリー

1990年から日本での栽培が開始された品種。「クッキングアップル」と呼ばれ、加熱しても酸味と香りがあるのが特徴。

■旬…8月下旬〜9月上旬

加熱に向いた品種を使った、
とろりと香り高いジャム

ブラムリージャム

材料（作りやすい分量）

ブラムリー（皮と芯を除いたもの）…500g
グラニュー糖…200g
（ブラムリーの果肉の重量の40%量）
レモンの果汁…大さじ1

作り方

1 ブラムリーはよく洗い、8等分に切り、皮をむいて芯を除き、5㎜厚さのいちょう切りにしてボウルに入れ、グラニュー糖半量とレモンの果汁をまぶし、約30分〜1時間置く。

point
りんごは、砂糖をあらかじめまぶして水分を出すことで、煮上がりが早くなります

2 小鍋に①を入れて火にかけ、沸騰したら中火にし、アクを除き、ときどき混ぜながら約10〜15分煮る。

3 残りのグラニュー糖を加え、水分が少なくなり、とろみがついたら火を止める。

ペクチンの原料にもなる

ジャム作りに欠かせないペクチン。現在は工業生産ができるようになりましたが、それ以前は、ペクチンを多く含む、りんごの芯がジャム作りでは使われていました。現在も市販のペクチンの原料には、乾燥させたりんごの絞りかすや芯、かんきつの果皮などが使われています。

一年中食べられる その理由は？

おいしいりんごを通年食べられるのは、長期保存しても品質や風味が変化しないCA貯蔵法のおかげです。CAとはControlled Atmosphereの頭文字で、収穫後の果実の呼吸を抑えるために空気中の酸素、二酸化炭素、窒素を調整して鮮度を保つ技術。日本ではりんごの長期貯蔵に広く利用されています。

レンジで作る、お手軽コンポート

りんごの即席コンポート

材料（作りやすい分量）

りんご…1個

A
- グラニュー糖…30g
- レモンの果汁、白ワイン…各大さじ1
- ローズマリー（ドライ、又はフレッシュ）…小さじ1/2

作り方

1 りんごはよく洗い、12等分に切り、芯を除き、ところどころ皮を残してむく。

2 耐熱ボウルに①を入れ、Aを加えて全体を混ぜる。りんごを平らにならし、上に密着させるようにラップをかけ、さらに耐熱ボウルの上にふんわりとラップをかける。

3 電子レンジで②を約4分間加熱し、そのまま粗熱をとる。

point

少量の水分だけで電子レンジにかけるので、蒸発しないようにラップを二重にかけます。りんごが少し透き通った感じでなければ、もう少し加熱を

甘さが控えめなので、はちみつを少しかけてもおいしいです

キャラメルをからめた、リッチな味わい

りんごのカラメル煮

材料（作りやすい分量）

ジョナゴールド（皮と芯を除いたもの）…400g
レモンの果汁…大さじ１
A｜グラニュー糖…80g
　｜水…大さじ１
グラニュー糖…20g
バター（食塩不使用）…10g
ラム酒…小さじ１

あたたかいものはアイスクリームにかけると美味

作り方

1 ジョナゴールドはよく洗い、８等分に切り、皮をむいて芯を除き、ひと口大に切り、レモンの果汁をまぶす。

2 厚手の鍋にAを入れ、中火にかけ、ときどき鍋を回しながらカラメル色になるまで煮る。

3 火を止めてバターを加え、溶けたら①を加えてよく絡める。※はねるので注意。

4 水分が出たら弱火にかけ、グラニュー糖を加え、ときどき混ぜながら約10分煮る。

5 ラム酒を加えて約１分煮詰め、火を止める。

保存容器に入れ、冷蔵庫で１週間～10日間保存可能

残った皮で入浴剤

ジャム作りで残ったりんごの皮は、日干ししてティーパックやカーゼで包めば、簡単な入浴剤に。お風呂に入れれば、さわやかな香りが立ち込み、リラックス効果や保湿効果が期待できます。

＊肌の弱い方はおやめください。また、体調不良を感じたら、すぐに医療機関を受診してください。

ジョナゴールド

甘みと酸味のバランスがよい品種。紅玉とゴールデンデリシャスのかけ合わせで、生食にも加工にも適している。

■旬…9月下旬～10月中旬

淡雪のような優しい食感

パンケーキ

材料（6枚分）

ホットケーキミックス…50g
クリームチーズ（室温に戻す）…15g
卵…1個
牛乳…大さじ4
グラニュ　糖…大さじ1
サラダ油…適量
ホイップクリーム、お好みのジャム…各適量

check
ここで使用したのは
いちごジャム…p18

作り方

1 ボウルにクリームチーズを入れ、泡立て器ですり混ぜ、クリーム状になったら卵黄を加えてよく混ぜ、牛乳を少しずつ加えながら混ぜる。ホットケーキミックスを加えて、粉気がなくなるまでさらに混ぜる。

2 別のボウルに卵白を入れ、油気のない泡立て器ですくえるくらいまで泡立て、グラニュー糖を2回に分けて加え、その度よく混ぜ、メレンゲ状になったら①に加え、ゴムべらで混ぜる。

3 フライパンを熱し、サラダ油を薄く敷き、②を流し入れて丸く成形し、表面にプツプツと穴が空き、キツネ色になったらひっくり返してこんがりと両面焼く。

4 器に③を盛り、ホイップクリームをのせ、ジャムをかける。

冬のジャム

ゆっくり、ていねいに作りたい
マーマレードの季節

多くの果樹が次の年の準備をはじめるなか、みかんやゆず、きんかんなどの和のかんきつ類が旬を迎えます。おだやかな香りと苦みのある皮を小さく刻んで、マーマレードを作りましょう。明るい黄やオレンジの鮮やかなジャムは、食卓にあたたかな色味を添えてくれます。

凍えるような季節、豆を煮るのもおすすめ。じっくりと弱火で煮る豆のジャムは、部屋をあたため、おだやかな時間を作ります。お客様の多い季節、手作りのジャムやお菓子を、お土産に包んであげても喜ばれますよ。

冬のおいしいカレンダー

Winter calendar

みかん

かんきつ類

Mandarin

蜜柑

学名……*Citrus* spp.
分類……ミカン科カンキツ属
原産地……インド、中国
主な生産地……和歌山県、愛媛県

おいしい時期

1 2 3 4 5 6 7 8 9 10 11 12

明るい色合いの果物 皮も使って極上の味わいに

果物の少ない冬に欠かせないかんきつ類。おなじみのみかんやゆずも、ジャムにするとひと味違う風味を味わうことができます。皮の分量を調整すれば、好みの苦みが楽しめます。

日本のかんきつ、みかんの優しい味わい

みかんジャム

材料（作りやすい分量）

みかん（皮を除いたもの）…400g
グラニュー糖…100g
（みかんの皮と果肉の総量の 40％量）
レモンの果汁…大さじ 2

point
みかんの糖度が高い場合は、砂糖の量を減らして調節しましょう

作り方

1 みかんは皮をむき、白い部分や筋は除かずにざく切りにする。

2 フードプロセッサーに①を入れてかく拌し、粗いピュレ状にする。

3 小鍋に②とグラニュー糖半量を入れて火にかけ、沸騰したら弱火にし、アクを除きながら約 10 分煮る。

4 残りのグラニュー糖を加え、約 5 分煮て、レモンの果汁を加えて火を止める。

温州みかん

日本で偶然生まれたかんきつ。皮、内側の袋とも薄いので、下ごしらえの時に傷つけないように注意して。

■旬…極早生 9月～10月
早生 10月～11月
中生 11月下旬～12月下旬
晩生 1月～3月

ぽんかん

インド原産のみかん。温州みかん同様、皮がむきやすい。甘み、香りともしっかりしているが、やや果汁が少ない。

■旬…12月～翌2月頃

桜島小みかん

5㎝に満たない小さな実が特徴で、まるごとコンポートにしてもかわいらしい。皮も香りがよいので、乾燥させて使っても。

■旬…12月

小ぶりのみかんを丸ごと煮ると、
かわいらしい

丸ごとみかんのコンポート

材料（作りやすい分量）

みかん…5個
グラニュー糖…180g
水…2と1/4カップ
レモンの果汁…大さじ1

瓶に入れ、冷蔵庫で1週間から10日間保存可能

作り方

1 みかんは皮をむき、白い筋を取り除き、流水で優しくこすりながら白い部分を洗う。

薄皮のきれいで簡単なむきかた

料理に使う場合など、きれいに薄皮をむきたいときには熱湯に3分ほどひたしてすぐに冷水にとるとよい

2 小鍋にグラニュー糖と分量の水を入れて火にかけ、グラニュー糖が溶けて沸騰したら火を止め、①を並べ入れ、レモンの果汁を加える。

3 落としぶたをして弱火にかけ、約5分煮て、火を止め、そのまま冷ます。

point
みかんの薄皮は加熱しすぎると破けてしまうため、必ず弱火で煮ましょう

かんきつ類

レモン

Lemon

檸檬

おいしい時期（イエロー）

1 2 3 4 5 6 7 8 9 10 11 12

学名……*Citrus limon*
分類……ミカン科カンキツ属
原産地……インド
主な生産地……広島県、愛媛県

さっぱりレモンに、
はちみつのコクを加えたジャム

はちみつレモンジャム

材料（作りやすい分量）

国産レモン…300g
水…3カップ
グラニュー糖…適量（作り方③参照）
はちみつ…60g

point
レモンは農薬や防腐剤を使用していない、
安全なものを使いましょう

作り方

1 レモンは塩少し（分量外）をこすりつけ、よく洗い、半分に切り、果汁を絞る。皮を4等分に切り、皮と薄皮の袋に分ける。皮は1.5㎜厚さの薄切りにする。袋はみじん切りにし、耐熱ボウルに入れてラップをかけ、電子レンジで2分間加熱する。

2 鍋に①の皮と、たっぷりの水（分量外）を入れ、火にかける。沸騰したら中火にし、約5分間ゆで、火を止め、ザルに上げて水気をきり、流水で洗う。皮を手のひらに挟んで水気をよく絞る。

3 ①の果汁と袋、②の皮の重さを量り、総量の40%量のグラニュー糖を用意する。

4 小鍋に果汁と袋、皮を入れ、グラニュー糖半量を加えて火にかける。沸騰したら中火にし、アクを取りながら約20～25分煮る。

5 残りのグラニュー糖とはちみつを加え、さらに5分煮て、とろりとなったら火を止める。

リスボン

一番なじみ深いレモンの主力品種。強い酸味と、さわやかな香りが特徴で、たっぷりの果汁は、料理にもおすすめ。

■旬…9月〜12月

マイヤーレモン

レモンとオレンジの交雑種。酸味が穏やかで、ほのかな甘みがある。皮はレモンより赤みのある色合い。

■旬…12月〜翌3月

小笠原レモン

果皮の色からグリーンレモンとも呼ばれる、マイヤーレモンの一種。丸みのある形で、皮が薄い。

■旬…9月〜翌1月

カードとはカスタードクリーム状のペーストで、ねっとりした口当たりが特徴。「フルーツバター」、「フルーツチーズ」とも呼ばれます

なめらかなのに後口さっぱり

レモンカード

材料（作りやすい分量）

国産レモンの果汁…100ml
国産レモンの皮…1個分
卵…2個
グラニュー糖…100g
バター（食塩不使用）…100g

作り方

1 レモンは塩少し（分量外）をこすりつけ、よく洗い、レモン1個分の表皮をすりおろす。レモンの果汁を絞り、種を除く（果肉も入っていてもよい）。バターは薄切りにする。

2 ボウルに卵を入れて溶きほぐし、グラニュー糖を加えてよく混ぜる。①の果汁、皮を加えて混ぜる。

3 小鍋に②をこし入れ、弱火にかけ、バターを加え、鍋底をゴムべらで絶えずかき混ぜる。

4 透き通るようなクリーム状になったら火を止める。

保存容器に入れ、冷蔵庫で1週間ほど保存可能

ゆず

かんきつ類

Yuzu

柚子

おいしい時期

学名……*Citrus junos*
分類……ミカン科ミカン属
原産地……日本、中国
主な生産地……高知県、徳島県

1 2 3 4 5 6 7 8 9 10 11 12

おだやかな色と、
ビターな味の大人マーマレード

ゆずマーマレード

材料（作りやすい分量）

ゆず…250g（約２個）
グラニュー糖…60g（ゆずの重量の 40％量）

作り方

1 ゆずは8等分に切り、皮をむき、薄切りにする。実はとっておく。

point
皮ごと絞って利用することの多い香酸かんきつ。皮の汚れが気になる場合は、熱湯に30秒程度浸け、表面の汚れをとって冷水に浸しましょう

2 ボウルにたっぷりの水（分量外）を入れ、①の皮をさらしてやさしく洗い、水気を絞る。この作業を3回行い、苦みを抜く。

point
薄皮と種にはペクチンが多く含まれているので、ティーパックに入れて、煮出します

3 ①の実は薄皮がついたままざく切りにし、さらしに包んで果汁を絞り、薄皮と種はティーパックに入れる。

4 小鍋に②を入れ、ひたひたの水（分量外）と③のティーパックを加えて中火にかけ、約s15～20分皮がやわらかくなるまで煮る。

5 ティーパックを取り除き、グラニュー糖と③の果汁を入れ、約5～10分煮る。

コクのある黒糖の風味をまとわせて

ゆずの黒糖漬け

材料（作りやすい分量）

ゆず…1個
黒糖（粉末）…100～150g

黒みつ代わりに使ったり、湯に溶かして
ホットドリンクにしてもおいしいです

作り方

1 ゆずは輪切りにして、種を除く。

2 瓶に①と黒糖を交互に入れ、最後に黒糖を入れ、ふたを閉める。

3 黒糖が溶けるまで2～3日間、冷暗所で漬ける。

お湯割りや、ドレッシングにも。
さわやかな風味の酢

きんかん酢

材料（作りやすい分量）

きんかん…350g
氷砂糖…250g
酢…1と1/2カップ

作り方

1 きんかんはよく洗ってヘタを取り、水気をよくふき取り、竹串で刺して数カ所穴をあける。

2 瓶にきんかん、氷砂糖の順に入れ、酢を注ぎ、ふたをする。

3 1日に1回、②を上下に振って混ぜ、2週間漬け込む。

4 実を取り出し、酢を別の瓶に入れ替える。

取り出したきんかんの実は、重量の40%量の砂糖を加えて煮詰め、甘露煮にするといいでしょう

かんきつ類

きんかん

Kumquat

金柑

おいしい時期

1 2 3 4 5 6 7 8 9 10 11 12

学名……*Fortunella*

分類……ミカン科キンカン属

原産地……中国

主な生産地……宮崎県、鹿児島県

作り方

1 きんかんはよく洗い、竹串でヘタを取る。鍋に入れ、ひたひたの水(分量外)を加えて火にかけ、沸騰したら中火にし、約5分間ゆで、火を止め、ザルに上げて粗熱をとる。

2 きんかんは横半分に切り、竹串で種を除く。実を押してなかのワタを出し、皮と分ける。ワタは粗めに刻み、皮は細切りにする。

3 小鍋にワタと皮を入れ、グラニュー糖半量と分量の水を加えて火にかけ、沸騰したら中火にし、約10分煮る。

4 残りのグラニュー糖とレモンの果汁を加え、さらに10～15分煮て、とろみがついたら火を止める。

甘みのある皮ごと、
ジャムにしてもおいしい

きんかんジャム

材料(作りやすい分量)

きんかん(ヘタと種を除いたもの)…400g
グラニュー糖…160g
(きんかんの皮と果肉の総量の40%量)
水…3/4カップ
レモンの果汁…大さじ1

Bonne
Figues à la

きんかんの歴史

きんかんは中国原産の果物で、日本には江戸時代に薬用として渡来しました。現在も痰や咳をともなう、かぜの妙薬として広く使われています。かんきつ類としてはめずらしく、皮ごと食べられ、皮には実を上回るほどの栄養が含まれています。日本の主な産地は、宮崎県、鹿児島県、高知県などですが、庭木や盆栽など、観賞用としても人気があります。

果物の甘煮の定番。
ころころひと口大の愛らしいかんきつ

きんかんのコンポート

材料（作りやすい分量）

きんかん…15個
グラニュー糖…125g
白ワイン…125ml
水…125ml

作り方

1 きんかんはよく洗い、竹串でヘタを取って、実を切り離さないように縦に6〜8本の切り目を入れる。

2 実の切れ目に竹串を差し入れ、種を除く。

point
種の多いきんかんの実。竹串できれいに取りましょう

3 小鍋にグラニュー糖、白ワイン、分量の水を入れて火にかけ、グラニュー糖が溶けて沸騰したら火を止め、②を加える。

4 落としぶたをして中火にかけ、沸騰直前で弱火にし、弱火で約10分煮て、火を止め、そのまま冷ます。

まめ類

Beans

おいしい時期（小豆）

1 2 3 4 5 6 7 8 9 10 11 12

学名……*Vigna angularis*
分類……マメ科ササゲ属
原産地……東アジア、中国
主な生産地……北海道　兵庫県

冬が似合う、和の食材 鍋をかけるのも楽しみ

一年中、手に入れることの出来る乾物の小豆や花豆ですが、実は旬があります。秋に収穫を向え、乾燥を終えた晩秋から冬が、いちばんふっくらと柔らかい豆です。寒い季節だからこそ、じっくりと煮てみましょう。

トーストにバターとのせれば、
和洋の絶妙な組み合わせに

小豆ジャム

材料（作りやすい分量）

小豆…200g
グラニュー糖…200g（小豆の重量の 100％量）
塩…ひとつまみ

作り方

1 小豆はたっぷりの水（分量外）に一晩漬ける。

2 ①をザルに上げ、水気をきって鍋に入れ、かぶるくらいの水（分量外）を加えて中火にかけ、ひと煮立ちしたら水 1 カップ（分量外）の差し水を加えて約 5 分煮る。ザルに上げ、軽く流水で洗い、渋切りをする。

3 ②を鍋に戻し、かぶるくらいの水（分量外）を加えて中火にかけ、ひと煮立ちしたら水 1 カップ（分量外）の差し水を加え、約 10 分煮る。ザルに上げ、軽く流水で洗い、渋切りをする。

4 ③を鍋に戻し、かぶるくらいの水（分量外）を加え、中火にかけ、沸騰したらふたをして小豆が軽く踊るくらいの火加減にし、アクを除きながら約 30 分煮る。

5 ④のふたをとり、差し水をしながらひたひたの水加減を保ち、アクを除きながら指でつぶれるくらいまで約 30 分煮て、グラニュー糖と塩を加える。

6 好みのかたさになるまで小豆を潰しながら煮て、水分が少なくなったら火を止める。

和菓子の定番。
手作りは、さらに優しい味

白いんげん豆の甘納豆

材料（作りやすい分量）

白いんげん豆…300g
上白糖…300g
グラニュー糖…適量

ほかの豆で作ってもおいしいです

作り方

1 白いんげん豆は水でよく洗い、たっぷりの水（分量外）に一晩漬ける。

2 鍋に①を水ごと入れ、中火にかけ、沸騰したら水1カップ（分量外）の差し水を加え、再び沸騰したらザルに上げる。

3 ②を鍋に戻し、たっぷりの水（分量外）を加え、中火にかけ、沸騰したら豆が踊らないくらいの火加減にし、差し水をしながらアクを除き、やわらかくなるまで煮る。

4 指でつまんで豆が潰れる位のかたさになったら、豆がひたひたになるくらいまで煮汁を捨て、上白糖を2回に分けて加え、弱火で約10分煮て、火を止め、そのまま一晩冷ます。

5 ④を再び弱火にかけ、水分が少なくなるまで煮詰め、ザルに上げ、煮汁をきる。

6 ⑤を網に広げて1時間以上置いて表面を乾かし、グラニュー糖をまぶす。

小豆

あんこの原料で、和菓子作りに欠かせない豆。赤い色から、縁起のいい食べ物として古くから日本で親しまれている。

花豆

大粒で、いんげん豆に似たさっぱりした味わいの豆。甘煮のほか、甘納豆の原料でもおなじみ。

いんげん豆

白、赤、柄ものなど、色合いが多彩な豆。白あんや煮豆、甘納豆の原料にされるほか、海外ではスープや煮込み料理に用いられる。

ジャムの新しいおいしさ

ジャムの活用法

ジャムを余らせてしまうことはありませんか？　パンにつける、ヨーグルトにかける……もちろんおいしい食べ方です。しかし、ジャムは果物の複雑な味わいとすばらしい風味を閉じ込めた優秀な調味料でもあることを、お忘れなく。いつもの料理に添えるだけ、混ぜるだけで、新しいおいしさが発見できます。

ジャムのドレッシング

好みのジャム大さじ２に、酢大さじ２、塩、胡椒各適量を加えて混ぜます。オリーブオイル大さじ２を少しずつ加えて混ぜれば、自家製ドレッシングに。いつものサラダにかけるだけで、華やかな風味が味わえます。

おすすめ
プラムリージャム…p113
トマトジャム…p172
にんじんジャム…p174

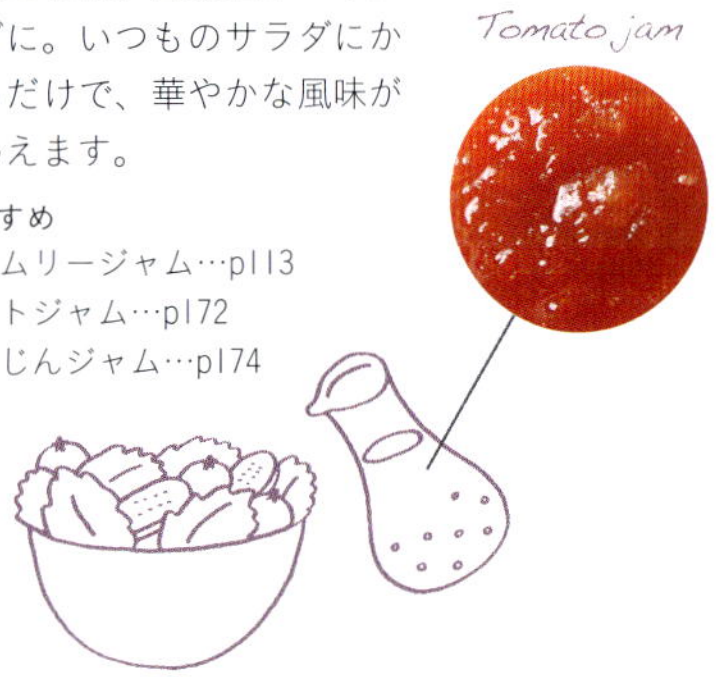

紅茶のアレンジに

砂糖のかわりに、熱々の紅茶にひとさじ加えて。甘さだけでなく果物の香りが加わって、心も安らぎます。

おすすめ
いちごジャム…p18
マーマレード…p28、31、36、130
紅玉ジャム…p110

カレーの味を複雑に

カレーのおいしさは辛味、苦味、酸味など、とても複雑。ここにジャムの甘さを足すことで、フルーティーな香りが加わり、味に奥行きとふくらみを持たせてくれます。

おすすめ
マンゴーチャツネ…p69
プラムリージャム…p113
玉ねぎジャム…p184

ハムサンドにしのばせて

甘いジャムは、塩気のあるハムや生ハムと相性抜群。ほろ苦いルッコラなどの野菜と一緒にサンドして。

おすすめ
ブルーベリージャム…p58
いちじくジャム…p74

肉料理のソースに

鶏や豚肉をソテーしたフライパンに、ジャムと白ワインを加えて温めて混ぜればソースに。ジャムの香りや酸味が、肉料理のあと味をさっぱりさせます。

おすすめ
パイナップルジャム…p152　パパイヤジャム…p154
玉ねぎジャム…p184　生姜ジャム…p186

バターやクリームチーズに練り込んで

いつもトーストの上でジャムと組み合わせるバターやチーズ。常温に戻して、好みのジャムを合わせて再び冷やすと、新たな味になります。薄くスライスして、クラッカーにのせてもおいしいです。

おすすめ
マーマレード…p28、31、36、130
ドライフルーツのジャム…p164、167

オールシーズンのジャム

バナナ

Banana

実芭蕉

学名……*Musa* spp.
分類……バショウ科バショウ属
原産地……東南アジア
主な生産地……フィリピン

おいしい時期
1 2 3 4 5 6 7 8 9 10 11 12

いろいろな食材と仲良しの頼もしいフルーツ

まったりした甘さが、なつかしい果物。火を通すと甘みがより強くなり、濃厚な味わいとなります。そのままよりも、酸味のある果物と合わせたり、キャラメルやチョコレートの風味を加えたりすると、味が単調になりません。

子供から大人まで、大好きな味

バナナジャム

材料（作りやすい分量）

バナナ（皮と筋を除いたもの）…200g
レモンの果汁…大さじ1
水…1/4カップ
グラニュー糖…80g
（バナナの果肉の重量の40%量）
ブランデー…小さじ1

point
きび砂糖や黒糖を使うと風味の違うジャムに仕上がります

作り方

1 バナナは皮をむいて筋を除き、2㎝厚さに切ってボウルに入れ、フォークで果肉を潰す。

2 小鍋に①を入れ、レモンの果汁と分量の水を加え、火にかける。沸騰したら弱火にし、混ぜながら煮る。どろっとしたとろみがついたら、グラニュー糖を加える。

point
非常に焦げやすいので、注意しましょう

3 さらに約5分混ぜながら煮詰め、ブランデーを加えて火を止める。

4 ひと混ぜしてブランデーを全体になじませる。

ほろ苦さと香りをプラス。
アイスクリームに添えても

バナナのカラメルジャム

材料（作りやすい分量）

バナナ（皮と筋を除いたもの）…200g
レモンの果汁…大さじ1/2
A｜グラニュー糖…100g
　｜水…大さじ1
水…大さじ2
ラム酒…大さじ1
シナモンパウダー…少々

作り方

1 バナナは皮をむいて筋を除き、1.5㎝幅の輪切りにし、レモンの果汁をまぶす。

2 厚手の鍋にAを入れ、ときどき鍋を回しながら中火にかけ、カラメル色になったら火を止め、分量の水を加える。※はねるので注意。

point
カラメルを作るときに、鍋にザルをのせてから水を加えると、水分の飛び散りが防げます

3 ②に①を加えて弱火にかけ、ときどきやさしく混ぜながら、約5～10分煮る。

4 ラム酒とシナモンパウダーを加えて混ぜ、火を止める。

熟したバナナで免疫力アップ

よく熟して黒い斑点（シュガースポット）が出たバナナは、きれいな黄色いバナナよりも免疫力を高める効果があるという研究結果があります。もともとバナナには、免疫力を高める効果があるのですが、熟成の度合いとの関係を調べた結果、日数のたったバナナほど、免疫を担う白血球の数を増やす効果や、免疫を強める生理活性物質の量が多いというのです。

キウイフルーツ

Kiwi fruit

支那猿梨

おいしい時期

1 2 3 4 5 6 7 8 9 10 11 12

学名……*Actinidia deliciosa*（緑色系品種）
分類……マタタビ科マタタビ属
原産地……中国
主な生産地……愛媛県、福岡県

元気をくれる色合いとさわやかな酸味 種も楽しさのアクセント

緑や黄色の果肉に、ツブツブの黒い種がアクセントになるキウイフルーツ。酸味があり、食物繊維も豊富で、ジャムにしやすい果物です。あまり煮込まず、鮮やかな色味を残すと仕上がりがきれいです。

point
キウイフルーツは食べ頃のものより、少しかための方が、ペクチン量が多く、ジャム作りに向いています

まだかたいキウイフルーツでおいしく作れる

キウイフルーツジャム

材料（作りやすい分量）

キウイフルーツ（皮を除いたもの）…400g
グラニュー糖…160g（キウイの果肉の重量の 40％量）
レモンの果汁…大さじ 1

作り方

1 キウイフルーツは皮をむき、5㎜角に切る。

2 小鍋に①を入れ、グラニュー糖半量を加えて火にかける。

3 沸騰したら中火にし、アクを除きながら、約 15 分煮る。

4 残りのグラニュー糖、レモンの果汁を加え、混ぜながら火にかけ、約 5 〜 10 分煮詰め、火を止める。

電子レンジで手軽に作れる、即席ジャム

ゴールデンキウイの即席ジャム

材料（作りやすい分量）

ゴールデンキウイフルーツ（皮を除いたもの）…300g
グラニュー糖…90g
（ゴールデンキウイフルーツの果肉の重量の30％量）
レモンの果汁…大さじ1

食べきりタイプのジャムです。
いちごやリンゴなどでも作れます

ヘイワード

世界中で食べられている、もっともポピュラーな品種。甘みと酸味のバランスがよく、種の食感がしっかりしている。

■旬…11月〜翌5月

ゴールドキウイ

酸味が少なく、なめらかな口当たりで食べやすい。甘みが強いので、ジャムにする時は、砂糖の量を加減して。

■旬…11月〜翌1月

作り方

point
大量に手で皮をむく場合は、キウイの酵素で手がかゆくなってしまう場合があるので、ゴム手袋をしましょう

1 ゴールデンキウイフルーツは皮をむき、5㎜厚さのいちょう切りにする。

2 大きめの耐熱ボウルに①を入れ、グラニュー糖とレモンの果汁を加えて混ぜ合わせ、約10分間置く。

point
電子レンジで加熱する時に、吹きこぼれることがあるので、果肉に対して大きめのボウルを使いましょう

3 電子レンジで②を3分加熱し、アクを除いて全体を混ぜる。

4 さらに再び電子レンジで5分間加熱し、全体を混ぜて粗熱をとる。

パイナップル

Pineapple

鳳梨

学名……*Ananas comosus*
分類……パイナップル科アナナス属
原産地……ブラジル
主な生産地……沖縄県

おいしい時期

1 2 3 4 5 6 7 8 9 10 11 12

さっぱり味のトロピカルフルーツ ジャムは繊維を利用して

南国らしい甘い香りと、しっかりした酸味が特徴。とろみ成分のペクチンが少ないので、ミキサーにかけてかたさを出すといいでしょう。パッションフルーツやマンゴーなど、ほかのトロピカルフルーツとのミックスジャムもおすすめです。

後口さわやか。
ほかのジャムと合わせてもおいしい

パイナップルジャム

材料（作りやすい分量）

パイナップル（皮と芯を除いたもの）…400g
グラニュー糖…160g
（パイナップルの果肉の重量の40%量）
レモンの果汁…大さじ1

作り方

1 パイナップルは皮と芯を除き、ざく切りにする。

パイナップルの無駄のない切り方
固い皮は、トゲに沿ってらせん状に切り込みを入れてから切るときれいにむけます。最後に縦割りにして芯を切り落とします

2 フードプロセッサーに①を入れてかく拌し、ピュレ状にする。

3 小鍋に②とグラニュー糖半量を入れて火にかけ、沸騰したら中火にし、アクを除きながら、約10分煮る。

4 残りのグラニュー糖とレモンの果汁を加え、とろみがつくまで約10分煮詰め、火を止める。

パパイヤ

Papaya
木瓜

おいしい時期
1 2 3 4 5 6 7 8 9 10 11 12

学名……*Carica papaya*
分類……パパイヤ科パパイヤ属
原産地……熱帯アメリカ
主な生産地……ハワイ、フィリピン

一年中楽しめる、南の国の香り

酸味が少なく、豊かな香りが特徴のパパイヤ。日本で出回るのは、主にハワイやフィリピンからの輸入品です。一年を通して出回っているので、気が向いたときにジャム作りが楽しめます。

濃厚な香りと甘み。料理に使っても

パパイヤジャム

材料（作りやすい分量）

パパイヤ（皮と種を除いたもの）…500g
グラニュー糖…250g(パパイヤの果肉の重量の 50%量)
レモンの果汁…大さじ 1

作り方

1 パパイヤは種と皮を除き、5㎜厚さの薄切りにする。

2 小鍋に①とグラニュー糖半量を加えて火にかけ、沸騰したら中火にし、アクを除き、ときどき混ぜながら約10分煮る。

3 残りのグラニュー糖とレモンの果汁を加え、好みの粗さに果肉を潰しながら約 10 ～ 15 分煮る。

4 水分が少なくなり、とろみがついたら火を止める。

肉料理のソースに隠し味として加えるとおいしいです

ココナッツ

Coconuts

椰子

学名……*Cocos nucifera*
分類……ヤシ科ココヤシ属
原産地……メラネシア（有力説）
主な生産地……フィリピン、インドネシア

おいしい時期

1 2 3 4 5 6 7 8 9 10 11 12

クセになるコクと風味を さらに濃縮して

缶詰や粉末で、比較的手軽に手に入るココナッツミルク。缶詰を煮詰めるだけで、簡単なココナッツジャムになります。独特の香りと濃厚なコクは、ひと口で口のなかいっぱいに、南国の風味が広がります。

濃厚な甘さと香り。
ミルクティーに加えても

ココナッツミルクジャム

材料（作りやすい分量）

ココナッツミルク…400ml
ブラウンシュガー…80g

作り方

1 鍋にココナッツミルクを入れて弱火にかけ、ときどきかき混ぜながら、半量になるまで煮詰める。

2 ブラウンシュガーを加え、混ぜながらさらに煮詰める。

3 とろみがついたら火を止める。

ココナッツミルクとは？

ココヤシの実の白い胚を煮込んで絞ったもの。ココナッツにストローを差して飲む、ココナッツジュースとは別物です。独特の風味は、スパイスとの相性も抜群で、タイ料理に多用されています。

ナッツ類

Nuts

おいしい時期（落花生）

1 2 3 4 5 6 7 8 9 10 11 12

学名……*Arachis hypogaea*
分類……マメ科ラッカセイ属
原産地……南アメリカ
主な生産地……千葉県、茨城県

甘みを加えたナッツはあと引く味のスプレッドに

香ばしい風味と、濃厚なコクが魅力のナッツ類。多く含まれる油分を利用して、ペースト状のスプレッドにするといいでしょう。ミキサーやすり鉢でつぶすときに、少しだけ粒を残すと食感も楽しめます。

落花生

一般に販売されているのは、煎り豆で料理に使うなら、塩味のついていない「素煎り」を選ぶとよい。

手作りならではの香ばしさを味わいたい

ハニーピーナッツペースト

材料（作りやすい分量）

ピーナッツ（薄皮つき食塩不使用）…100g
グラニュー糖…15g
サラダ油…大さじ2
塩…ひとつまみ
はちみつ…40g

point
グラニュー糖とはちみつで好みの甘さに調節しましょう

作り方

1 フードプロセッサーに殻と薄皮をむいたピーナッツとグラニュー糖を入れてかく拌する。

2 油が出てきて動かなくなったら、サラダ油を加えてかく拌する。

3 塩とはちみつを加えてさらにかく拌する。

4 全体がよく混ざったら出来上がり。

クルミ

豊かなコクとほのかな苦みが特徴のナッツ。ケーキやクッキーなど、焼き菓子に加えられることが多い。

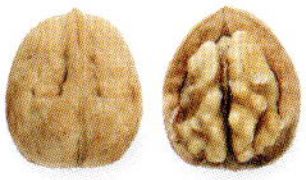

ミルクのおかげで
マイルドな仕上がりに

クルミミルクジャム

材料（作りやすい分量）

クルミ…100g
グラニュー糖…100g
牛乳…200 mℓ
はちみつ…30g

殻付きを使うときは…

固い殻を割るには、専用の道具が必要です。もしない場合は、浸水させてから炒ります。すると、自然に殻が開き、実を取り出すことができます

作り方

1 オーブンシートを敷いた天板にクルミを広げ、160℃に予熱したオーブンで約8分焼く。

point
クルミはローストすることで、より風味のよいジャムになります

2 ①の粗熱がとれたらフードプロセッサーに入れてかく拌し、粉末状にする。

3 小鍋に②を入れ、グラニュー糖と牛乳、はちみつを加えて火にかけ、沸騰したら弱火にし、約10分煮る。

4 とろみがついたら火を止める。

香ばしいごまの風味を楽しんで

黒ごまはちみつバター

材料（作りやすい分量）

すりごま（黒）…10g
はちみつ…25g
バター（食塩不使用・常温に戻す）…100g

作り方

1 ボウルにバターを入れ、泡立て器でよくすり混せ、クリーム状にする。

2 はちみつを加えてよく混ぜ、すりごまを加えてさらによく混ぜる。

ごま

和食や中華料理にも多用されるごま。黒ごまはコクと香りが強く、白ごまはおだやかな風味が特徴。

数種のナッツの風味が絡み合う

ナッツのはちみつ漬け

材料（作りやすい分量）

アーモンド…40g
クルミ（半分に割る）…40g
カシューナッツ…40g
はちみつ…200g

刻んでパウンドケーキやクッキーに入れたり、チーズに添えてもおいしいです

作り方

1 オーブンシートを敷いた天板にナッツ類を広げ、160℃に予熱したオーブンで8分焼く。

2 ①が温かいうちに瓶に入れ、はちみつを注いでふたを閉め、常温で3日以上置く。

冷暗所で約1ヶ月保存可能

カシューナッツ

中華料理ではおなじみの食材。コクがあるが、後味はあっさりとしている。

アーモンド

歯ごたえのよいナッツで洋菓子によく使われる。粒のほか、スライス、粉末状などいろんな形状がある。

ドライフルーツ

Dryfruits

煮込むと驚くほど風味を取り戻します

果物を乾燥させ、保存性を高めたドライフルーツは、味が凝縮され、独特の風味を持ちます。シンプルに素材を乾燥した商品以外に、砂糖などで甘みが加えられているものがあるので、レシピの砂糖の分量は商品によって調節しましょう。

アプリコット

日本では干しアンズとも呼ばれるドライアプリコットは、ミネラル、ビタミン、食物繊維、鉄分が豊富。主な産地はアメリカ、パキスタン、中国。

ドライフルーツとは思えない、
甘酸っぱい味と鮮やかな色

ドライアプリコットジャム

材料（作りやすい分量）

ドライアプリコット…200g
白ワイン…1/2 カップ
グラニュー糖…100g
水…1/2 カップ

作り方

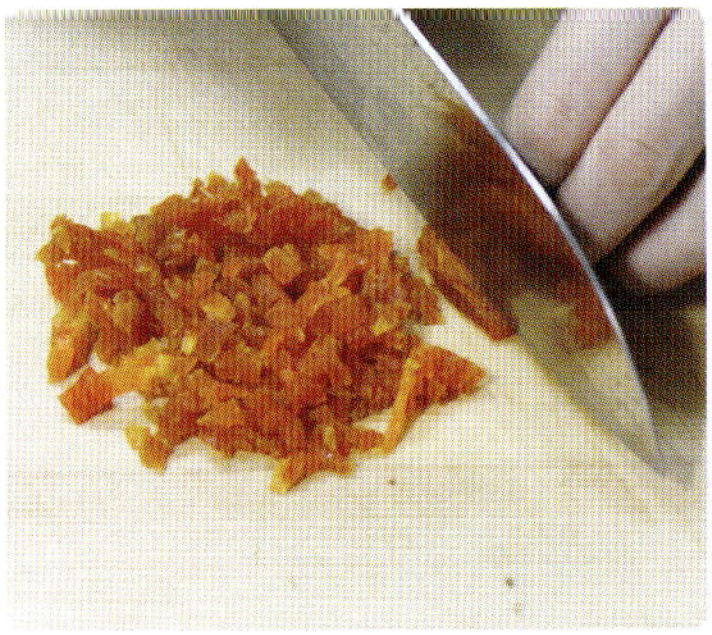

1 ドライアプリコットは粗みじん切りにし、白ワインに一晩漬ける。

2 鍋に①とグラニュー糖、分量の水を加えて火にかける。

3 沸騰したら中火にし、木べらで混ぜながら煮る。

point

ドライアプリコットは焦げやすいので、火加減を調節しながら煮るようにしましょう

4 全体がとろりとしたら火を止める。

ドライフルーツ特有の風味を楽しんで

ミックスドライフルーツジャム

材料（作りやすい分量）

ドライイチジク…200g
ドライアップル…100g
ドライプルーン…100g
ドライパイナップル…100g
レーズン…50g
赤ワイン…2カップ
グラニュー糖…220g
（ドライフルーツの総量の40％量）
レモンの果汁…大さじ1

ホットワインやサングリアのような味わいのジャムです。トーストやフランスパンなどと相性がいいです

ドライイチジク

プチプチとした歯ごたえとさわやかな甘味のあるドライフルーツ。食物繊維が豊富で、欧米では古来より便秘の妙薬として珍重されてきた。

作り方

1 レーズン以外のドライフルーツは1cm角に刻む。

2 ボウルに①とレーズンを入れ、赤ワインを加えて混ぜ合わせ、約1時間置く。

3 小鍋に②を入れ、グラニュー糖を加えて火にかけ、沸騰したら中火にし、混ぜながら水分が少なくなるまで煮詰め、レモンの果汁を加えて混ぜ、火を止める。

ふっくらした食感にびっくり。
チーズを添えても

ドライフルーツの紅茶煮

材料（作りやすい分量）

ドライプルーン…100g
ドライイチジク…60g
ドライアップル…60g
ドライチェリー…40g
紅茶の葉…大さじ１
熱湯…２カップ
グラニュー糖…60g
ブランデー…小さじ１

point
ブランデーがなければ、コアントローやグランマニエなどのリキュールで香りづけしましょう

作り方

1 オイルコーティングされているドライフルーツがあれば、熱湯にさっとくぐらせ、よく水気をきる。

2 ティーポットに紅茶の茶を入れ、分量の熱湯を注ぎ、３分間蒸らし、グラニュー糖を入れた鍋に注ぎ入れる。

3 鍋のグラニュー糖を溶かし、ドライフルーツを加えてやわらかくなるまで約 30 分置く。

4 ③をごく弱火にかけ、約 30 分煮て、火を止める。

5 ブランデーを加えて保存容器に移し、粗熱をとる。

レーズン

古代から作られてきたレーズンは、栄養価が非常に高く、栄養食品としても知られる。菓子以外にも料理に使われる。

ラムの風味を効かせた、
リッチな味わい

ラムレーズンバター

材料（作りやすい分量）

レーズン…50g
ラム酒…適量
バター（食塩不使用・常温に戻す）…100g

作り方

1 レーズンは熱湯（分量外）にさっとくぐらせ、よく水気をきり、容器に入れ、ひたひたのラム酒を注ぎ、冷蔵庫に入れて一晩以上漬ける。

point
レーズンはお好みで粗みじん切りにしても

2 ボウルにバターを入れ、泡立て器でよくすり混ぜ、クリーム状にする。

3 汁気をきった①を②に加え、よく混ぜ合わせる。

濃厚なバターが、
ドライフルーツでさわやかに

アプリコットバター

材料（作りやすい分量）

ドライアプリコット…50g
グラニュー糖…15g
水…50g
バター（食塩不使用・常温にもどす）…100g
レモンの果汁…小さじ１

作り方

1 ドライアプリコットは粗みじん切りにする。

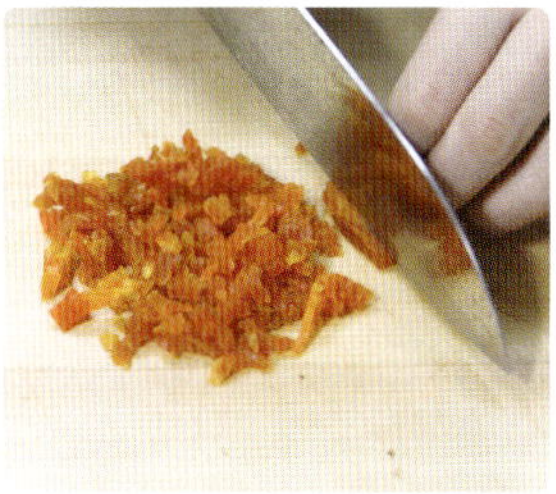

2 鍋にグラニュー糖と分量の水を入れ、沸騰したら火を止め、①を入れ、30分以上置く。

3 ②を弱火にかけ、水分がほとんどなくなるまで果肉を潰しながら煮詰め、レモンの果汁を加えて火を止め、粗熱をとる。

4 ボウルにバターを入れ、泡立て器でよくすり混ぜ、クリーム状にし、③を加えて混ぜ合わせる。

ジャムにぴったりのお菓子③

お好みのジャムを加えて。
色もかわいく仕上がります

ジャムマフィン

材料（マフィン型…6個分）

A
- 薄力粉…100g
- ベーキングパウダー…2g

バター（食塩不使用・室温に戻す）…70g
グラニュー糖…70g
卵（室温に戻す）…1個
牛乳（室温に戻す）…大さじ1
はちみつ…30g
お好みのジャム…大さじ6

check
ここで使用したのは
・いちじくジャム…p74
・パイナップルジャム…p152

作り方

1 混ぜ合わせたAをふるいにかけながらボウルに入れる。

2 別のボウルにバターを入れ、泡立て器でよくすり混ぜ、グラニュー糖を加え、白っぽくなるまでよく混ぜる。

3 ②に溶き卵を3～4回に分けて加え、よくすり混ぜ、牛乳とはちみつも同様に少しずつ加えてよく混ぜる。

4 ③に①を加え、ゴムべらでさっくりと混ぜ合わせる。

5 ④をスプーンですくい、紙を敷いたマフィン型に流し入れ、中央にジャムをのせ、160℃に予熱したオーブンで約20分焼く。

野菜のジャム

トマト

Tomato

蕃茄

おいしい時期

1 2 3 4 5 6 7 8 9 10 11 12

学名……*Lycope sicon esculentum*
分類……ナス科トマト属
原産地……中央・南アメリカ
主な生産地……熊本県、茨城県

鮮やかな色に食欲もアップ 元気をくれる、定番野菜

ジャムにおすすめなのは、色や香りの濃い加熱用の品種やフルーツトマト。トマトそのままでは、酸とペクチンが足りないので、補うために他の果物と合わせてジャムにします。

さっぱりした味わいは、野菜ならでは

トマトジャム

材料（作りやすい分量）

トマト（皮とヘタを除いたもの）…300g
りんご（芯を除いたもの）…100g
グラニュー糖…160g
（トマトと皮つきりんごの果肉の総量の40％量）
レモンの果汁…大さじ1

作り方

1 トマトは熱湯に約30秒くぐらせ、冷水につけて湯むきをし、ヘタを除いてざく切りにする。りんごは芯を除き、皮つきのままざく切りにする。

point
トマトは水分が多く、ペクチンが少ないので、ペクチンの多いりんごと組み合わせます

2 フードプロセッサーに①を入れてかく拌する。

3 小鍋に②を入れ、グラニュー糖を加えて火にかけ、沸騰したらアクを除きながら、中火で約15分煮る。

4 レモンの果汁を加え、約10～15分煮て火を止める。

シシリアンルージュ
甘みと酸味が濃厚な、加熱に適したトマト。果肉が厚く、しっかりとした食感がある。

シンディースイート
甘みと酸味のバランスがよい、中玉トマト。加熱しても濃厚なうま味がある。

アイコ
甘みがあり、色鮮やかなトマト。酸味がおだやかで、生でも加熱してもおいしい。

にんじん

Carrot

人参

学名……*Daucus carota*
分類……セリ科ニンジン属
原産地……アフガニスタン
主な生産地……北海道、千葉県

おいしい時期
1 2 3 4 5 6 7 8 9 10 11 12
（春夏にんじん）
（冬にんじん）

果物とは異なるおだやかな味わい とろりとした口当たりで食べやすす

そのままでも優しい甘みがある人参。りんごなどの生果やドライフルーツと組み合わせると、やさしい味わいのジャムになります。パンに塗るほか、ケーキに入れてもおいしいです。

元気のでるオレンジ色。料理に活用して

人参りんごジャム

材料（作りやすい分量）

人参（皮を除いたもの）…250g
りんご（皮と芯を除いたもの）…250g
水…1/4 カップ
レモンの果汁…大さじ 1
グラニュー糖…250g
（人参とリンゴの果肉の総量の 50％量）

point
人参はペクチンが少ないので、りんごを加えて補います。りんごは酸味のあるジョナゴールドや紅玉がおすすめです

作り方

1 人参とりんごは皮をむき、小さめに切る。

2 フードプロセッサーに①を入れ、分量の水とレモンの果汁を加えてかく拌する。

point
ミキサーがない場合は、すりおろしても OK

3 小鍋に②を入れ、グラニュー糖を加えて火にかける。沸騰したらときどき混ぜながら中火で約 10 ～ 15 分煮る。

4 水分が少なくなり、とろみがついたら火を止める。

ジャムにしょうゆ、酒、すりおろし生姜を加え、豚肉を漬けてから焼くと色あざやかな豚のしょうが焼きになります

かぼちゃ

Pumpkin
南瓜

おいしい時期（日本かぼちゃ）

1 2 3 4 5 6 7 8 9 10 11 12

学名……*Cucurbita maxima*
分類……ウリ科カボチャ属
原産地……中央アメリカ（日本かぼちゃ）
主な生産地……北海道、鹿児島県

くせのない風味とやさしい甘さは昔からの人気者

ほくほくした食感と甘みが魅力のかぼちゃは、スイーツでもよく使われる野菜です。カボチャのジャムを作り置きしておけば、パンプキンパイなどはジャムを包むだけで、簡単に作れます。

えびすかぼちゃ
西洋かぼちゃの代表品種。ほくほくした食感で甘みが強く、スイーツの材料にぴったり。

バターナッツ
ひょうたんのような形がユニークな品種。ねっとりした食感で甘みが強い。なめらかな仕上がりのジャムが作れます。

ハロウィーンに作りたい、
子供が大好きなジャム

かぼちゃジャム

材料（作りやすい分量）

かぼちゃ（皮と種を除いたもの）…250g
きび砂糖…100g
牛乳…1/4 カップ
バター（食塩不使用）…30g
シナモンパウダー…少々

point
コクを出すため、風味のあるきび糖を使います。バターはレーズンバターやアプリコットバター（p169）にかえてもおいしいです

作り方

1 かぼちゃは種と皮を除き、ぶつ切りにする。

2 耐熱皿に①を並べ、ラップをかけて電子レンジで竹串が通るまで加熱し、フードプロセッサーに入れてかく拌する（または蒸して、裏ごしする）。

3 小鍋に②を入れ、きび砂糖と牛乳を加え、混ぜながら火にかけ、沸騰したら弱火にし、ツヤが出てぽってりとするまで混ぜながら煮詰める。

4 バターとシナモンパウダーを加えて、弱火でさらに約5分、混ぜながら煮詰める。

瓶に入れ、冷蔵庫で1週間保存可能

Bonne Maman

セロリ

Celery

和蘭三葉

おいしい時期

1 2 3 4 5 6 7 8 9 10 11 12

学名……*Apium graveolens*
分類……セリ科オランダミツバ属
原産地……ヨーロッパ、西南アジア、インド
主な生産地……長野県、静岡県

特徴的な香りは、煮るとおだやかに緑色がめずらしい、さっぱりジャム

独特の香りと食感があるセロリは、煮てもおいしい野菜。果物と合わせると、さっぱりとさわやかな香りのジャムになります。薄切りにして、セロリの歯ごたえを楽しみましょう。

野菜とフルーツのコンビネーション

セロリキウイジャム

材料（作りやすい分量）

セロリ（葉と筋を除いたもの）…150g
キウイ（皮を除いたもの）…250g
グラニュー糖…200g
（セロリとキウイの果肉の総量の50％量）
レモンの果汁…大さじ1

作り方

1 セロリは葉を切り落とし、筋を除き、斜め薄切りにする。キウイは皮をむき、5㎜角に切る。

2 小鍋に①を入れ、グラニュー糖半量を加えて火にかける。

3 沸騰したら中火にし、アクを除きながら、約15分煮る。

4 残りのグラニュー糖とレモンの果汁を加え、混ぜながら火にかけ、約10～15分煮詰め、火を止める。

ルバーブ

Rhubarb

食用大黄

おいしい時期

1 2 3 4 5 6 7 8 9 10 11 12

学名……*Rheum rhaponticum*
分類……タデ科カラダイオウ属
原産地……シベリア南部
主な生産地……長野県、北海道

ジャムにぴったりの野菜 ぜひ一度お試しを

ふきに似た見た目ですが、りんごのような酸味とあんずのような香りがある野菜。ヨーロッパでは昔からジャムやお菓子に利用されていました。日本でも、長野県など、涼しい気候の地域で栽培され、6月～10月に旬をむかえます。

酸味がおいしい、さっぱりジャム

ルバーブジャム

材料（作りやすい分量）

ルバーブ…500g
グラニュー糖…250g
（ルバーブの重量の50％量）

point
冷凍ルバーブを使ってもおいしいです。ルバーブは酸味があるので、好みによってグラニュー糖の量を増やしてください。また、ルバーブの赤色の部分のだけを使うと赤い色のジャムが作れます

作り方

1 ルバーブは水洗いして、1cm長さに切る。

2 ボウルに①を入れ、グラニュー糖をまぶし、1時間以上置く。

3 小鍋に②を入れ、沸騰したら中火にし、アクを除きながら煮る。

4 茎が煮溶けて、形がなくなるまで煮詰める。

さつまいも

Sweet Potato

甘藷

学名……*Ipomoea batatas*
分類……ヒルガオ科サツマイモ属
原産地……中央アメリカ
主な生産地……鹿児島県、茨城県

おいしい時期

1 2 3 4 5 6 7 8 9 10 11 12

ねっとりとなめらかな仕上がり 食物繊維もたっぷりです

スイートポテトのような甘いジャムが作れるさつまいも。繊維が豊富なので、ねっとりした仕上がりになります。また、品種によって、ジャムの色合いが違い、クチナシを使うと、おいしそうな黄色のジャムができます。

ベニアズマ
加熱すると甘みが増す、粉質系の品種。焼きいもによく利用される。

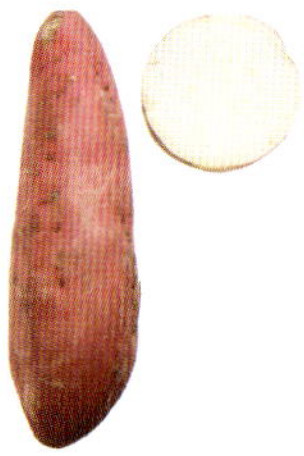

鳴門金時
すっきりした甘さが特徴。和食などによく用いられる。

安納いも
オレンジの果肉と、しっとりした食感が特徴のいも。甘みが強い。

まるでスイートポテト！
素朴な甘みがあとひく味

さつまいもジャム

材料（作りやすい分量）

さつまいも（皮を除いたもの）…300g
くちなしの実…1 個
グラニュー糖…130g
はちみつ…10g

パイナップルジャムと混ぜてもおいしいです

作り方

1 さつまいもは皮を厚くむいて2㎝厚さの半月切りにし、水にさらす。

2 鍋に水気をきった①とひたひたの水（分量外）を入れて、くちなしの実を割り入れ、強火にかける。沸騰したら中火にし、さつまいもがやわらかくなり、煮汁が少なくなるまで煮る。

3 くちなしの実を取り出し、グラニュー糖を加え、さつまいもを潰しながら中火で煮詰め、水分を飛ばす。

4 はちみつを加え、ペースト状になったら火を止める。

瓶に入れ、冷蔵庫で 1 週間保存可能

玉ねぎ

Onion

玉葱

料理の隠し味に欠かせない うま味と甘さが詰った野菜

おいしい時期

1
2
3
4
5
6
7
8
9
10
11
12

学名……*Allium cepa*
分類……ネギ科ネギ属、ユリ科ネギ属
原産地……中央アジア
主な生産地……北海道、佐賀県

じっくり炒めた玉ねぎには、驚くほどの甘さがあります。インド料理では加熱した玉ねぎは、果物のチャツネとともに使われ、料理にコクとうま味をもたらしてくれます。

じっくり炒めた自然な甘みを活かして

玉ねぎジャム

材料（作りやすい分量）

玉ねぎ（薄皮を除いたもの）…200g
生姜…5g
サラダ油…小さじ1
A グラニュー糖…20g（玉ねぎの重量の10%量）
A 白ワイン…1/4カップ
A 水、酢…各大さじ2
塩、粗びき黒胡椒…各少々

作り方

1 玉ねぎはみじん切りにし、生姜はすりおろす。

2 鍋にサラダ油を熱し、玉ねぎを加えて弱火でじっくり茶色くなるまで炒める。

3 生姜とAを加え、水分が少なくなるまで煮詰め、塩、粗びき黒胡椒で味を調える。

肉や魚を具にしたパンに使うとおいしいです。また、肉や魚料理のソースにもよく合います

しょうが

Ginger

生姜

おいしい時期

1 2 3 4 5 6 7 8 9 10 11 12

学名……*Zingiber officinale*
分類……ショウガ科ショウガ属
原産地……熱帯アジア
主な生産地……高知県、千葉県

ぽかぽかと体の芯から温めてくれる寒い冬の味方

体を温める作用がある、生姜。ジャムにすれば、湯で割って飲んだり、ドレッシングに加えたりと多用できます。パンに塗って使うときは、少し辛みがあるので、りんごジャムなど、別のジャムと合わせるといいでしょう。

紅茶に溶かしてもおいしい、
冬におすすめのジャム

生姜ジャム

材料（作りやすい分量）

生姜（皮を除いたもの）…200g
水…1 カップ
きび砂糖…200g（生姜の重量の 100％量）
はちみつ…40g

作り方

1 生姜は皮をむき、ざく切りにする。

2 フードプロセッサーに①と分量の水を入れて、細かくなるまでかく拌する。

3 鍋に②を入れ、きび砂糖を加えて火にかけ、沸騰したら中火で約 15 ～ 20 分煮詰める。

4 水分が少なくなり、とろみがついたら火を止め、はちみつを加えて混ぜる。

ピリッと辛い生姜の風味と、
砂糖の優しい甘さのコントラストが絶妙

生姜糖

材料（作りやすい分量）

生姜…100g

A｜グラニュー糖…80g
　｜水…1/4 カップ

point

新生姜を使うとマイルドな
生姜糖になります

生姜を下ゆでしたときの
煮汁に湯とはちみつを加
えてホットドリンクとし
て飲むとおいしいですよ

作り方

1 生姜は繊維に沿って2㎜厚さの薄切りにする。

2 鍋に②を入れ、ひたひたの水（分量外）を加えて火にかけ、沸騰したら中火にし、やわらかくなるまで約5分ゆで、ザルに上げて水気をきる。

3 再び②の鍋に生姜を入れ、Aを加え、中火にかけて煮る。

4 粘りが出て、水分がほぼなくなったら火を止め、白っぽくなるまで木べらでよく混ぜ、結晶化させる。

5 ④をバットに広げ、乾燥させる。

著者プロフィール

鈴木 雅恵（すずき まさえ）

**スイーツ＆フードコーディネーター。
栄養士。野菜ソムリエ。食育指導士。**

洋菓子店での勤務後、食品コンサルタント会社、食品メーカーを経て、商品・レシピ開発（企業や書籍など）、菓子・料理教室等を行う。美味しく楽しく夢を届けるをモットーに食を提案している。

ジャム、スイーツ制作／鈴木雅恵

制作、編集／レジア

執筆補助／吉田和恵

写真／石倉ヒロユキ　本田犬友

スタイリング協力／cocca

手《て》づくりだから出《で》来《き》るお好《この》みの色《いろ》、味《あじ》、香《かお》り

季《き》節《せつ》の果《くだ》物《もの》でつくるジャムとレシピの本《ほん》

NDC596.65

2013年4月15日　発　行
2014年8月25日　第2刷

著　者	鈴《すず》木《き》雅《まさ》恵《え》
発行者	小川雄一
発行所	株式会社　誠文堂新光社
	〒113-0033　東京都文京区本郷3-3-11 （編集）電話03-5800-5776 （販売）電話03-5800-5780 http://www.seibundo-shinkosha.net/
印刷・製本	図書印刷 株式会社

©2013, Masae Suzuki　Printed in Japan　検印省略
（本書掲載記事の無断転用を禁じます）
落丁、乱丁本はお取り替えいたします。

本書のコピー、スキャン、デジタル化等の無断複製は、著作権法上での例外を除き、禁じられています。本書を代行業者等の第三者に依頼してスキャンやデジタル化することは、たとえ個人や家庭内での利用であっても著作権法上認められません。

Ⓡ〈日本複製権センター委託出版物〉
本書を無断で複写複製（コピー）することは、著作権法上での例外を除き、禁じられています。本書をコピーされる場合は、事前に日本複製権センター（JRRC）の許諾を受けてください。
JRRC　http://www.jrrc.or.jp
　　　eメール：jrrc_info@jrrc.or.jp
　　　電話：03-3401-2382

ISBN978-4-416-61343-6